"中国高铁丛书"
出版工作团队

总顾问

- 傅志寰　中国工程院院士，原铁道部部长

顾　问

- 钟志华　中国工程院院士、副院长，同济大学原校长
- 奚国华　中国第一汽车集团有限公司党委副书记、董事、总经理
  中国中车集团公司原副董事长、党委副书记
  中国中车股份有限公司原总裁
- 贾世瑞　中国中车集团公司副总经理

总策划

- 郑　健　中国铁路总公司总工程师，国家铁路局原党组成员
  2015年国家科技进步奖特等奖（京沪高速铁路工程）获得者

策　划

- 孙　章　同济大学老科学技术工作者协会会长，原上海铁道大学副校长
- 孙　星　北京铁道学会秘书长
- 兰　涛　上海铁道学会秘书长
- 金泰木　中车青岛四方机车车辆股份有限公司科技发展部副部长
- 张　树　上海科学技术文献出版社副总编辑（主持工作）

主　编

- 孙　章　同济大学老科学技术工作者协会会长，原上海铁道大学副校长

副主编

- 吴新民　原铁道部咨询调研组副巡视员，研究员

编撰团队

《走近中国高铁》

钱桂枫　中国铁路总公司工程管理中心副主任
蔡申夫　原铁道部工程设计鉴定中心主任
张　骏　中国铁路上海局集团有限公司建设处副处长，高级工程师
毛晓君　中国铁路上海局集团有限公司科学技术研究所工程师

《高铁线路工程》

郑　健　中国铁路总公司总工程师，国家铁路局原党组成员
　　　　2015年国家科技进步奖特等奖（京沪高速铁路工程）获得者
王　峰　中国铁路总公司建设管理部主任
钱桂枫　中国铁路总公司工程管理中心副主任
许玉德　同济大学交通运输工程学院教授
毛晓君　中国铁路上海局集团有限公司科学技术研究所工程师

《高铁车站》

郑　健　中国铁路总公司总工程师，国家铁路局原党组成员
　　　　2015年国家科技进步奖特等奖（京沪高速铁路工程）获得者
贾　坚　同济大学建筑设计研究院（集团）有限公司副总裁
魏　崴　同济大学建筑设计研究院（集团）有限公司轨道交通院总建筑师

《高速列车》

梁建英　中车青岛四方机车车辆股份有限公司副总经理、总工程师，教授级高级工
　　　　程师，2015年国家科技进步奖特等奖（京沪高速铁路工程）获得者
杨中平　北京交通大学教授
张济民　同济大学铁道与城市轨道交通研究院教授

《高铁牵引供电系统》

　　张明锐　同济大学电子与信息工程学院教授
　　张永健　中国铁路上海局集团有限公司供电处处长，高级工程师
　　王靖满　中国铁路设计集团公司项目总工程师，教授级高级工程师
　　吴严严　同济大学电子与信息工程学院硕士研究生

《高铁信号与控制》

　　陈永生　同济大学计算机系教授
　　罗云飞　中国铁路上海局集团有限公司总工程师室高级工程师
　　王先帅　中国铁路上海局集团有限公司电务处工程师
　　郭金信　中国铁路上海局集团有限公司电务处工程师
　　刘世太　中国铁路上海局集团有限公司电务处工程师
　　陈伟革　中国铁路上海局集团有限公司电务处处长，提待高工
　　吕永昌　中国铁路上海局集团有限公司电务处提待高工
　　姚远黎　中国铁路上海局集团有限公司电务段段长，高级工程师
　　胡细东　中国铁路上海局集团有限公司电务处副处长，高级工程师
　　吴伟东　中国铁路上海局集团有限公司电务处副处长，高级工程师
　　艾　武　中国铁路上海局集团有限公司电务处副处长，高级工程师

《高铁运营组织与管理》

　　徐行方　同济大学交通运输工程学院教授
　　蒲　琪　同济大学《城市轨道交通研究》杂志社社长，高级工程师
　　汤莲花　同济大学交通运输工程学院博士研究生

《中国高铁发展战略》

　　刘涟清　原上海铁路局局长，原铁道部（中国铁路总公司）中美铁路项目协调组组长
　　蒲　琪　同济大学《城市轨道交通研究》杂志社社长，高级工程师
　　孙　章　同济大学老科学技术工作者协会会长，原上海铁道大学副校长

《高铁经济》

姚诗煌　　上海市科技传播学会原理事长，《文汇报》科技部原主任，高级记者

编辑顾问

叶　娟	中国中铁股份有限公司国际事业部总经理助理
	中国铁道出版社版权中心原主任，国家铁路局原调研员
李中浩	中国城市轨道交通协会专家和学术委员会副主任，原铁道部电子中心主任
张跃玲	国家铁路局信息中心副主任，高级工程师
陈夏新	原京沪高速铁路股份有限公司高级工程师
范　明	中国铁道科学研究院（集团）有限公司通信信号研究所研究员

序一

傅志寰

我国已跨入了高铁时代。风驰电掣的高速列车给人们带来了快捷愉悦的全新感受，正如有诗云："银龙出京一路奔，转瞬之间入津门。齐鲁苏皖须臾过，品茗到沪尚存温。"四通八达的高铁不仅显著改变了人们的出行方式，也对经济社会产生了深远影响。

目前我国高铁里程已超过 25 000 公里，占全球高铁总里程的三分之二，每天开行 5 000 多列高速列车，运送超过 600 万乘客，2017 年我国高铁累计发送旅客已突破 70 亿人次。这些令人炫目的"大数据"意味着无与伦比的业绩。我国高铁不但规模大，速度也快，最高时速达 350 公里，为世界之最。我国动车之平稳是有口皆碑的，网上曾流传一段视频：有乘客将一枚硬币立在高速列车的窗台上，竟 8 分钟未倒。

高铁不但改变着中国，也震撼了世界。我国已经积累了在寒带、热带、大风、沙漠、冻土等不同气候和地质条件下高速铁路建设的丰富经验，是世界上少数能够提供包括土建、高速动车组和列车控制系统等高铁全套技术的国家。

中国人喜爱高铁。但凡有机会，都愿与靓丽的高速列车合影留念，而且带着浓厚兴趣想进一步解开高铁之谜。"高铁为什么跑得那么快？""高铁为什么跑得那么稳？""高铁行驶安全如何保障？"这些问题，不但孩子要问，成年人也十分关心。近两年我在给中学生讲"高铁"科普时，每每都会有学生提出大量类似问题。

为了回答人们的问题，上海科学技术文献出版社组织一批资深专家教授，用一年半时间编写了一套内容丰富的"中国高铁丛书"，全套 9 册，书名分别是：《走近中国高铁》《高铁线路工程》《高铁车站》《高速列车》《高铁牵引供电系统》《高铁信号与控制》《高铁运营组织与管理》《中国高铁发展战略》《高铁经济》。这套丛书不但描绘了高铁的全貌，

展示了车站、线路、信号、供电、列车等关键设施和装备,也介绍了高铁运营服务知识以及对经济社会发挥的独特牵引作用。与此同时,还讲述了世界各国高铁发展的故事。

"实事求是、深入浅出"是检验科普图书质量的重要标志。为了做到"实事求是",作者们查阅了海量资料,反复筛选与求证,对我国高铁技术水平、发展历程作了符合实际的阐述,也纠正了一些网络上的不实传言。为了做到"深入浅出",作者们力图用通俗生动的语言和精美的图片,揭示高铁技术原理和设计结构。一年多来,作为初次涉猎科普读物写作的他们,花了不少时间再学习,大家深知将科学专业术语转化成大众能听懂的"大白话"是一门艺术。

我受聘担任本丛书的总顾问,深感荣幸和愉悦。究其原因,不只因为我有参与高铁论证与建设的经历,还源于心系铁路、喜爱火车的深厚情结,中国高铁的快速发展也圆了我自己多年的梦想。

在本套图书付梓之际,衷心希望凝聚作者大量心血的"中国高铁丛书",能给读者带来所渴望的知识与阅读的喜悦。

2019年1月

序二

郑 健

　　高铁，作为现代工业文明的崭新成果，发端于日本，发展于欧洲，兴盛于中国。经过五十余年的发展，高铁以其安全、快捷、环保、节能等技术经济优势赢得了各国青睐。我国从20世纪90年代初开始开展高铁的前期研究，经过几代铁路人的探索实践，特别是党的十八大以来的创新发展，取得了举世瞩目的历史性成就，能亲身经历、见证参与、组织推动我国高铁建设，倍感荣幸。铁路建设者昼夜兼程、风雨无阻，逢山开路、遇水架桥，用智慧、心血和汗水励精图治、砥砺前行，实现了中国高铁从无到有、从探索到突破、从制造到创造、从追赶到领跑的崛起！如今，"复兴号"奔驰在祖国广袤的大地上，迈出了从追赶到领跑的关键一步；四通八达的高铁网络给百姓美好生活带来了新福祉，给世界高速铁路发展树立了新标杆，为党和国家赢得了新荣耀！

　　遥想20世纪初，为了振兴国家实业，孙中山先生在《建国方略之二：实业计划》中提出修建10万英里（16万公里）的铁路计划，指出"国家之贫富可以铁道之多寡而定之，地方之苦乐可以铁道之远近计之"，"铁路常为国家兴盛之先驱，人民幸福之源泉，国家统一之保障"。中华人民共和国成立后，党中央国务院高度重视铁路建设。1978年10月，邓小平同志访问日本，在从东京前往京都的新干线高铁列车上深有感触地说："就感觉到快，有催人跑的意思，我们现在正合适坐这样的车。"（中共中央文献研究室编《邓小平年谱（1975—1997）》（上）第413页）一代伟人的这句双关语暗示着中国的发展要有像新干线那样快的速度。同年12月召开的十一届三中全会拉开了改革开放的序幕。

　　40年的改革开放让铁路特别是高速铁路发展迎来了难得的黄金发展机遇。从20世纪90年代广深铁路开行准高速列车到世纪之交秦沈客运专线开通运行，从2007年实现第六次大面积提速到2008年京津城际高铁通车，

从 2010 年 12 月京沪高铁创造时速 486.1 公里试验速度到 2016 年 7 月成功实现世界首次时速 420 公里交会，从"四纵四横"基本建成到"八纵八横"规划蓝图绘就，几代铁路人锲而不舍、坚韧执着，从未因道路曲折而半途而废，也从未因梦想遥远而放弃追求。从孙中山先生提出《建国方略》到今天，"复兴号"高铁动车组奔驰在祖国广袤大地上的情景，就是华夏儿女不忘初心、砥砺前行的生动写照；中国高铁能够领跑世界，就是中华民族追逐梦想、谋求复兴的时代象征。高铁精神，已成为象征着中华民族伟大创新精神的一座丰碑！

从 1990 年《京沪高速铁路线路方案构想报告》到 2004 年国务院批复的《中长期铁路网规划》明确将高铁建设作为铁路发展的核心，从中国高铁发展"三步走"战略谋划到工程建造、装备制造、列车运行控制等不同领域技术创新路径的实施，中国高铁经历了艰难的战略抉择、艰苦的探索实践和艰辛的开拓创新历程。2008 年 8 月 1 日，中国第一条时速 300 公里以上的高速铁路——京津城际高铁开通运营。波澜壮阔的高铁建设在长城内外、大河上下展开，呈现出了史诗般的巨幅画卷！

一分耕耘一分收获。经过几代铁路人卧薪尝胆，迎来了与世界第二大经济体相适应的高铁网络体系的蓬勃发展：建成了 2.5 万公里的高铁网络，搭建了专业一流的研发平台，在高铁线路、桥梁、隧道、客运枢纽等重大工程方面积累了丰富的实践经验，全面掌握了在各种复杂地质、地形及气候环境下修建不同速度等级高速铁路的成套技术，建造了以京沪高铁为代表的一大批世界级的标志性工程，拥有了完整的中国高铁技术标准体系，打造了中国高铁品牌，形成了规划设计、工程建造、装备制造、运维服务等方面的比较优势，总体技术水平已迈入世界先进行列，成为推动世界高铁发展的重要力量！

不断延伸的高铁网络对经济社会发展产生了深刻的影响。如何衡量高铁对经济社会发展的"溢出效应"，如何评价高铁效应在国家发展、国际交往、地缘政治中的作用，需要坚实的高铁经济理论作为支撑。2012 年原铁道部设立了高铁经济重大课题，从政治经济、社会文化、生态环境等多维度探究高铁效应的理论基础，从哲学层面发现其内在规律，从理论层面研究其影响机制，旨在通过

研究回答社会对高铁建设运营的普遍关切，探究未来高铁发展之路。

如今我们欣喜地看到，高铁网络极大地缩短了时空距离，让旅途不再漫长；极大地改善了出行品质，让百姓出行有了更多的幸福感；拉动了文化旅游井喷，稀缺独特的旅游资源得到充分开发；促进了铁路装备升级改造，高铁动车组等高端装备制造业快速发展，强劲带动了上下游相关产业链的全面升级；改变了经济资源配置格局，城市综合经济竞争力得到了大幅提升，区域产业经济结构得到了优化调整，区域经济一体化进程进一步加快。高铁网络创造出了比别的经济体更多的时间，承载了更为宏观的经济意义，以更高的速度赋能一切生产要素，以更高的质量和效率不断放大着"乘数效应"。作为新经济学革命的高铁经济已成为中国经济增长的新引擎，正构建着中国经济发展的新版图。中国高铁今天历史性的成就就是对中山先生、小平同志最好的告慰！

"雄关漫道真如铁，而今迈步从头越"。党的十九大确立了习近平新时代中国特色社会主义思想，作出了建设交通强国的重大决策部署。在不到半年的时间里，习总书记两次"点赞""复兴号"，这既充分体现了党中央对高铁发展成果的充分肯定，更指明了中国高铁的前进方向。中国高铁将始终坚持以人民为中心，进一步构建更安全、更高效、更智能、更绿色、覆盖率更高的高铁网络，持续创新引领世界铁路发展，让全国各族人民共享铁路发展改革的成果，满足人民在新时代的需求，让人民从高铁发展中有更多的获得感、幸福感、安全感！

高铁发展需要全社会的关心和爱护。这套"中国高铁丛书"对讲好中国高铁故事、传承勇往直前的高铁精神，汇聚高铁发展共识、凝聚高铁发展正能量，弘扬新时代主题、追逐民族复兴梦想必将产生积极的作用。热切希望这套图书能与广大读者尽快见面，更真诚期望能有更多的专家、学者关注中国高铁，走近中国高铁，宣传中国高铁，支持中国高铁，关爱中国高铁，以促进中国高铁的健康可持续发展！

2019 年 1 月

前 言

说起高速铁路，你首先想到的是什么？是流线型车头、快速舒适的高铁列车、现代化宽敞明亮的高铁车站，还是一条条平直的高速铁路线路？就像一台戏，我们能看到的仅仅是舞台上表演的演员，但是幕后还有许多默默无闻、为呈现一台精彩大戏做着贡献的工作者们。高速铁路系统所包含的也远不止人们能看到的高速列车、高铁车站和高铁线路。

线路工程系统、牵引供电系统、通信信号系统、动车组系统、运营调度系统和客运服务系统是高速铁路六大系统。其中，线路工程是铁路系统的基础性工程之一。

那么，什么是铁路线路工程？

车能走，就得有路。这条路可能是常见的路基，也可能是桥梁和隧道。

铁路列车可不是普通的车，它的车轮特性决定了它走的路也并非是一般车辆走的"平凡之路"，而是必须由轨道导向的"定向之路"。

说起"定向"，就涉及铁路线路是如何蜿蜒曲折地向前的，还有它会在哪些地方留下"注脚"。

上述便是铁路线路工程将会讲述的故事，即线路选线设计、轨道工程、路基工程、桥梁工程、隧道工程和站场工程。

高速铁路线路工程的内容本质上与普速铁路线路工程并没有什么区别，但速度的提高却犹如一场风暴，在设计、建设、运营维护方面掀起了一次技术的革新。本书的最后分两个章节分别阐述因高速度带来的高标准在高速铁路建设阶段及运营维护阶段的体现，即高速铁路联调联试技术及高速铁路安全检测、监控和综合维修技术。

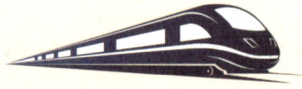

目 录

序　一
序　二
前　言

第一章　高速铁路线路工程总览 1

第一节　一张图看懂高速铁路线路工程
　　　　——高速铁路线路工程 ...3
　　一、高速铁路系统大家庭 ...3
　　二、走近高速铁路线路工程 ...5

第二节　九大核心特点了解高速铁路线路
　　　　——高速铁路线路工程特点 ...6
　　一、无砟轨道结构 ...7
　　二、高架长桥 ...7
　　三、宽大隧道 ...8
　　四、刚度均匀 ...9
　　五、"零"沉降控制 ...9
　　六、精密控制 ...10
　　七、严检慎修 ...10
　　八、防灾监控 ...11
　　九、环境友好 ...11

第三节　国外高速铁路线路
　　　　——中外高速铁路线路对比 ...12
　　一、日本——新干线 ...12
　　二、法国——TGV ...14
　　三、德国——ICE ...16

第四节　中国高速铁路线路之最
　　　　——中国高速铁路线路创新与
　　　　　成果展 ...18
　　一、示范性高速铁路——京津
　　　　城际 ...18
　　二、标杆性高速铁路——京沪
　　　　高速铁路 ...20
　　三、高寒高速铁路——哈大高速
　　　　铁路 ...21
　　四、南北大通道——京广高速
　　　　铁路 ...23
　　五、西部大通道——兰新高速
　　　　铁路 ...24

第二章 高速铁路选线技术 29

第一节 马良神笔如何勾勒高速铁路线路
　　——高速铁路选线思想和理念 ...31
　　一、经济效益和社会效益选线理念 ...31
　　二、地质选线理念 ...32
　　三、环保与节约资源选线理念 ...33

第二节 蜿蜒曲折的高速铁路平面
　　——高速铁路平面设计 ...34
　　一、曲线超高 ...34
　　二、曲线半径 ...36
　　三、缓和曲线 ...38

第三节 高低起伏的高速铁路纵断面
　　——高速铁路纵断面设计 ...39
　　一、坡段 ...40
　　二、坡度 ...40
　　三、竖曲线 ...42

第三章 高速铁路轨道技术 45

第一节 "工"字形轮廓是铁路永恒的象征
　　——高速铁路钢轨 ...47
　　一、钢轨的作用 ...48
　　二、钢轨的形状 ...49
　　三、钢轨的重量 ...51
　　四、钢轨的材质及性能 ...51
　　五、钢轨的生产 ...53

第二节 一根钢轨连通北京上海的京沪高铁
　　——超长无缝线路 ...53
　　一、超长无缝线路 ...54
　　二、长钢轨的焊接 ...56
　　三、长钢轨的吊装与运输 ...57
　　四、长钢轨的铺设与锁定 ...58

第三节 高整体性、高稳定性、高平顺性的"三高"轨道结构
　　——高速铁路无砟轨道 ...59
　　一、高速铁路轨道结构 ...59
　　二、自主知识产权的CRTS Ⅲ型无砟轨道结构 ...62
　　三、无砟轨道板的生产 ...63

目录

第四节　钢轨空间位置固定和调整的魔术师
　　——高速铁路扣件 ...64
　　一、高速铁路扣件图谱 ...64
　　二、高速铁路扣件的作用 ...67

第五节　向左？向右？高速列车的交叉路口
　　——高速道岔 ...68
　　一、道岔的作用与组成 ...68
　　二、高速道岔的类型 ...69
　　三、高速道岔的特点及创新 ...71

第六节　高速铁路沿线的"天罗地网"
　　——高速铁路轨道精密控制网与测量技术 ...72
　　一、高速铁路精密测量体系 ...72
　　二、绝对测量与相对测量并驾齐驱的测量技术 ...74
　　三、形形色色的高速铁路轨道检测小车 ...75

第四章　高速铁路路基技术 77

第一节　古老的结构，崭新的技术
　　——高速铁路路基 ...79
　　一、工后沉降控制技术 ...80
　　二、基床动态变形控制技术 ...81
　　三、长期稳定性控制技术 ...82

第二节　路基设计新理念
　　——高速铁路路基设计 ...83
　　一、路基加固处理 ...83
　　二、过渡段设计 ...85
　　三、路基防排水 ...87

第三节　"零"沉降控制的施工技术
　　——高速铁路路基建设施工技术 ...90
　　一、软土路基 ...91
　　二、湿陷性黄土路基 ...93
　　三、膨胀土路基 ...94
　　四、冻土路基 ...95
　　五、不良地质路基 ...95

第五章　高速铁路桥梁技术 99

第一节　一桥飞架南北
　　　——高速铁路桥梁...101
　一、高速铁路桥梁的特点...102
　二、高速铁路桥梁的类型...108
　三、高速铁路桥梁明星谱...111

第二节　桥梁设计新理念
　　　——高速铁路桥梁设计...117
　一、保证高速条件下安全性与舒适性的理念...117
　二、注重环境适应性的理念...119
　三、注重服务运输和综合效益的理念...121

第三节　桥梁建设施工中的"三新"
　　　——高速铁路桥梁建设施工技术...122
　一、我国高速铁路桥梁的建造模式...123
　二、中国高速铁路独创桥梁"加垫"技术...124
　三、我国在高速铁路桥梁方面的系列创新和改进...125

第六章　高速铁路隧道技术 129

第一节　穿山越岭神器
　　　——高速铁路隧道...131
　一、中国高速铁路隧道的发展...132
　二、中国高速铁路隧道的特点...133
　三、高速铁路隧道明星谱...135

第二节　隧道构筑物与列车风的较量
　　　——高速铁路隧道设计...139
　一、洞口位置的选择...140
　二、洞门设计...141
　三、隧道结构设计...142
　四、隧道空气动力学效应...144

第三节　黑暗混沌中开辟出的快速通道
　　　——高速铁路隧道施工技术...145
　一、主要施工方法...146
　二、主要施工装备...147
　三、超前地质预报技术...149

第四节　长大隧道里的"出气孔"和"逃生道"
　　　——高速铁路隧道运营安全保障与防灾救援技术...151
　一、避车洞...152

目录

二、通风风井 ...153
三、疏散通道 ...154

第七章 高速铁路站场技术 157

第一节 高速线路上的驿站
——高速铁路车站 ...159
一、高速铁路车站的类型 ...161
二、高速铁路车站内的客运设备 ...163

第二节 驿站的选址
——高速铁路站场设计 ...165
一、高速铁路车站选址 ...166
二、高速铁路车站的总体平面、立面布置 ...167

第三节 高速列车的休息室
——高速铁路车站配套设施 ...169
一、动车存车场 ...170
二、动车运用所与动车段 ...170

第四节 城市交通的汇集点
——高速铁路车站综合枢纽 ...173
一、铁路枢纽总图 ...174

二、高速铁路车站客流集散 ...176
三、高速铁路车站综合交通枢纽 ...179

第八章 高速铁路联调联试技术 183

第一节 高速铁路竣工的五道门槛
——高速铁路竣工验收 ...185
一、竣工验收 ...185
二、静态验收 ...186
三、动态验收 ...188
四、初步验收 ...191
五、安全评估 ...192
六、正式验收 ...192

第二节 高速铁路"出生"前的全面体检
——高速铁路联调联试 ...193
一、联调联试的概念与目的 ...193

　　二、联调联试的参试单位与职责 …194

　　三、联调联试及运行试验大纲的编制与审批 …195

　　四、联调联试工作开展条件 …196

　　五、联调联试过程中的问题整改 …197

第三节　高速铁路线路工程的入学考试
　　　　——高速铁路线路精调 …197

　　一、高速铁路平顺性要求 …197

　　二、轨道精调的定义 …198

　　三、无砟轨道线路精调作业 …200

第九章　高速铁路安全检测、监控和综合维修技术 ……203

第一节　高速铁路安全运营的守护者
　　　　——防灾安全监控系统 …205

　　一、防灾安全监控系统的构成 …205

　　二、风监测系统 …206

　　三、雨量监测系统 …208

　　四、地震监测系统 …209

　　五、异物侵限监控系统 …211

第二节　高速铁路安全运营的私人医生
　　　　——运营期动静态检测体系 …212

　　一、我国轨道检查技术的发展 …212

　　二、轨检车 …213

　　三、综合检测列车 …214

　　四、轨道确认车 …216

　　五、综合巡检车 …217

　　六、晃车仪和添乘仪 …218

第三节　高速铁路安全运营的健康管理师
　　　　——养护维修体系 …219

　　一、钢轨的打磨技术 …219

　　二、线路捣固技术 …222

参考文献 ……226

第一章

高速铁路线路工程总览

第一节　一张图看懂高速铁路线路工程

第二节　九大核心特点了解高速铁路线路

第三节　国外高速铁路线路

第四节　中国高速铁路线路之最

第一节　一张图看懂高速铁路线路工程
——高速铁路线路工程

一、高速铁路系统大家庭

如果说起高速铁路，你想到的是什么？是流线型车头，快速舒适的高铁列车，现代化宽敞明亮的高铁车站，还是一条条平直的高速铁路线路？就像一台戏，我们能看到的仅仅是舞台上表演的演员，但是幕后还有许多默默无闻、为呈现一台精彩大戏做着贡献的工作者们。高速铁路系统所包含的也远不止人们能看到的高速列车、高铁车站和高铁线路。

高速铁路系统大家庭中，一共有六个兄弟姐妹，分别是：线路工程系统、牵引供电系统、通信信号系统、动车组系统、运营调度系统和客运服务系统（如图1.1所示）。

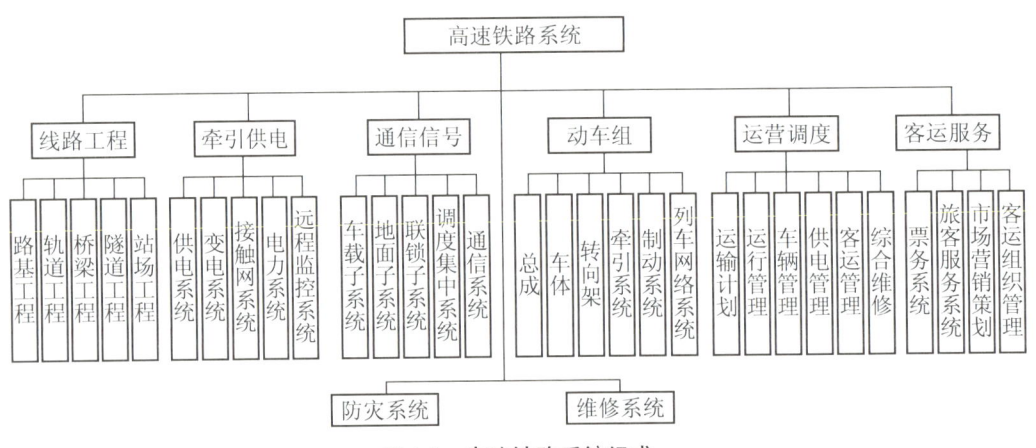

图1.1　高速铁路系统组成

线路工程系统包括路基工程、轨道工程、桥梁工程、隧道工程和站场工程。它是高速铁路基础设施中非常重要的内容，是高速列车车轮以下的部分，主要作用是为高速列车提供一个安全、平稳运行的基础。

牵引供电系统包括供电系统、变电系统、接触网系统、

电力系统、远程监控系统。高速列车，也就是我们常说的动车组，是由电力驱动的，但它不同于现在的新能源电动车，动车组本身并不储备电量，而是在高速运行过程中实时接受电能。牵引供电系统的作用就是将电能从国家电网中取出来，通过变电系统，再由接触网系统实时供给运行中的车辆。

通信信号系统包括车载子系统、地面子系统、联锁子系统、调度集中系统（centralized traffic control system，CTC）和通信系统。它是高速列车安全、有序运行的重要保障之一，主要作用是保持运行中的列车与集中调度之间的紧密通信，原理为列车通过地面轨旁设备或无线通信网络，获得车站联锁和列车控制中心的行车信息和命令，再由车载设备控制列车运行。

动车组系统包括总成、车体、转向架、牵引系统、制动系统和列车网络系统。这是我们最为熟悉的一个系统，即我们平时乘坐的高铁车辆本身。

运营调度系统包括运输计划、运行管理、车辆管理、供电管理、客运管理和综合维修。运营调度系统对高速铁路日常运输生产进行统一指挥和组织，保证高速列车按照列车运行图正点运行。因此，运营调度系统的功能可不容小觑，它充当的角色是高速铁路运行这幕大戏的"导演"。

客运服务系统包括票务系统、旅客服务系统、市场营销策划和客运组织管理。客运服务系统也是一个非常庞大的系统，我们熟悉的"12306"系统便是其中之一。客运服务系统的主要目的是为乘坐高速铁路的旅客提供舒适、便捷、贴心的客运服务。

大家庭中的六个成员，都有一个共同的目标，就是保证高速铁路安全、快速、平稳运行。因此，兄弟姐妹间互帮互助、齐心协力，既自成体系又相互关联，存在很多关联和接口（如图1.2所示）。

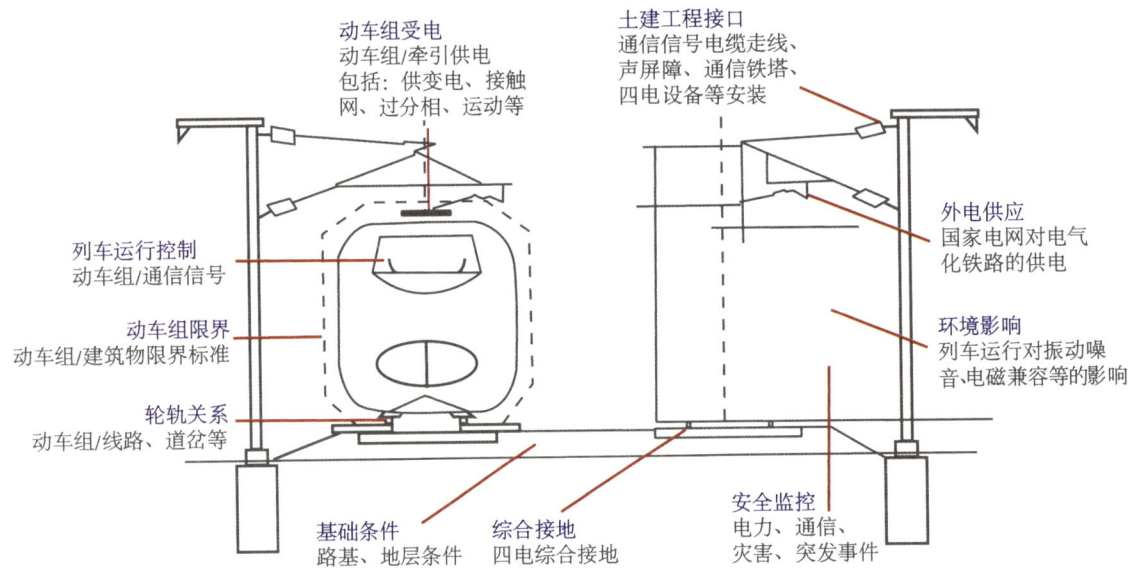

图 1.2 高速铁路各子系统间的相互关系

二、走近高速铁路线路工程

线路工程，是铁路基础性工程之一。

车能走，就得有路。这个路可能是常见的路基，也可能是桥梁和隧道。

铁路列车可不是普通的车，它的车轮特性决定了它走的路也并非是一般车辆走的"平凡之路"，而是必须由轨道导向的"定向之路"。

说起"定向"，就涉及铁路线路是如何蜿蜒曲折地向前的，还有它会在哪些地方留下注脚。

上述便是铁路线路工程将会讲述的故事，即：线路选线设计、轨道工程、路基工程、桥梁工程、隧道工程和站场工程。

高速铁路线路工程的内容本质上与普通铁路线路工程并没有什么区别，但速度的提高却犹如一场风暴，在设计、施工、运营维护方面掀起了一次技术的革新，让古老的线路工程在高速的新时代背景下，焕发出新的光彩与活力。

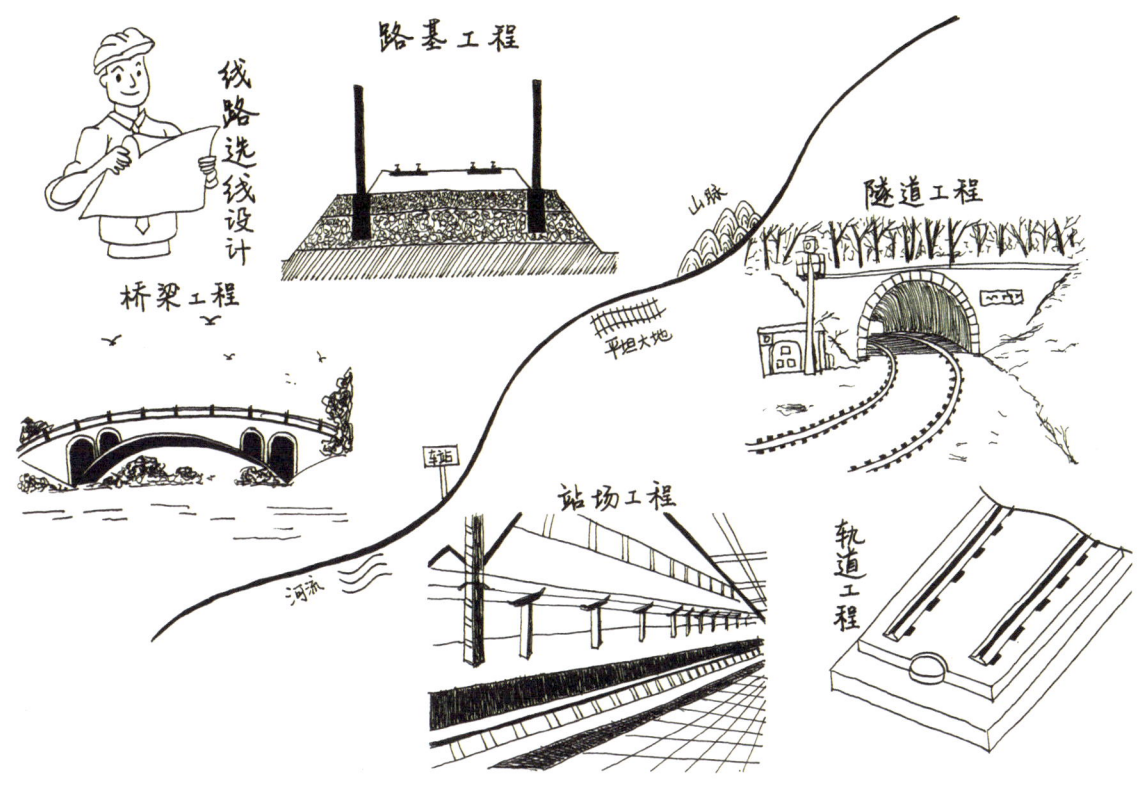

图 1.3 一张图看懂高速铁路线路工程　毛晓君绘

本书将带领拿起书本的你,带着放大镜走近高速铁路线路工程,一窥其中的奥秘与玄机。

第二节　九大核心特点了解高速铁路线路
——高速铁路线路工程特点

2015 年夏天,一位在中国旅行的瑞典人,在乘坐京沪高铁时录了一段视频。视频的内容是他将一枚硬币立在高铁列车的窗台上,在长达 9 分钟的视频里,列车飞速行驶,但硬币始终屹立不倒。

这是一枚硬币唱出的中国高铁赞歌,该视频也在网络上广为流传,成为中国高铁高平顺性、高舒适性的最佳广告。

高平顺性是高速铁路线路的最首要特征，也是线路工程师们群策群力的最终目的，它包含以下内容：采用整体性、稳定性更好的无砟轨道结构；采用刚度更大、耐久性更好的高架长桥；增大隧道净空断面并在洞口修建缓冲结构；合理匹配轨下基础与扣件刚度、优化设计道岔内轨道刚度以及合理设置路桥、路涵、路隧、有砟与无砟轨道等过渡段；采用多种措施控制轨下基础沉降，严格进行沉降评估；采用逐级控制的原则，建立各级平面和高程控制网等。

一、无砟轨道结构

无砟轨道，即没有小石子的轨道结构，是采用混凝土沥青混合料等整体基础取代散粒碎石道床的轨道结构。与传统的由小石子组成的有砟轨道相比，无砟轨道的结构整体性和稳定性大大提升，这非常有利于保持高速铁路的高平顺性，同时避免了散粒碎石道床在列车高速运行时带来的道砟飞溅问题，视觉上也显得更加整洁美观，因此无砟轨道结构成为高速铁路的发展趋势。

我国新建时速 250 公里的高速铁路选用无砟轨道结构。无砟轨道结构有多种类型，目前在我国高速铁路中铺设应用的无砟轨道类型包括 CRTS I 型板式、CRTS II 型板式、CRTS III 型板式、CRTS I 型双块式、CRTS II 型双块式和道岔板式、长枕埋入式等，其中 CRTS III 型板式无砟轨道为我国拥有自主知识产权的轨道结构。

二、高架长桥

采用高架长桥是我国高速铁路的显著特点之一，在我国已建成的高速铁路中，桥梁总长度占线路总长度的比例较高，一般达到 50%～60%，有的甚至达到 80%～90%。而普通铁路桥梁长度所占线路长度的比例仅为 5%～6%，通常不超过 10%。

高速铁路线路修建桥梁较多有许多原因，但最主要的原因可以概括为四个字："两平两小"，即为了"线路的平直和平

顺"和为了"线路沉降小和占地面积小"。

高速铁路桥梁通过控制结构刚度、梁体徐变上拱度、墩台工后沉降，达到桥上线路高可靠性、高稳定性、高平顺性和良好的车桥耦合动力性能。另一方面高速铁路沿线跨越的城市道路、公路、既有铁路、地下管线多，沿海地区河道水网密布，软土等特殊性土分布广泛，采用高架桥结构代替路基，可有效保持轨道平顺性，控制结构沉降，减少土地占用，并具有安全、耐久、美观的优点。

三、宽大隧道

我国已开通和在建设计速度250公里/小时、350公里/小时的高速铁路中，隧道长度占线路长度比例分别达到了7.2%和20.6%，比既有铁路隧道长度占线路长度约4.0%有大幅度提高，且高速铁路往往以长大隧道居多。

隧道是一个相对密闭的空间，列车在隧道内的运行犹如一个活塞，高速列车速度的提升使隧道空气动力学问题更加突出。隧道内空气动力学效应是一件让人头疼的事情，因为它会对高速列车运营、人员健康和环境造成一系列影响。例如，我们在通过隧道时会出现耳膜不适，罪魁祸首就是瞬变压力；而微气压波则会使列车高速驶离隧道时，发出强烈的爆破音，产生噪声污染，引起附近房屋门窗的振动，影响洞口环境及人员身体健康。

国外从设计角度解决隧道内空气动力学效应引起的问题，主要通过以下两种途径：一种是以日本新干线为代表，通过提高车辆密封强度来缓解车内瞬变压力，使之满足乘坐舒适度要求，同时修建洞口缓冲结构来消减洞口微气压波；另一种以德国高速铁路为代表，主要通过增大隧道净空断面来解决问题。

我国高速铁路的隧道工程也采用增大隧道净空断面和在洞口修建缓冲结构的措施来解决空气动力学效应，进而满足高速铁路运营需求。350公里/小时双线和单线隧道有效净空面积

分别达到了 100 平方米和 70 平方米；250 公里/小时双线和单线隧道有效净空面积分别达到了 90 平方米和 58 平方米。

四、刚度均匀

随着运行速度的不断提升，列车的空气动力性能与过去相比已经发生了较大的改变；另一方面，我们对列车乘坐的舒适度也有了更高的要求，包括列车平稳性指标和车体振动加速度指标。这就要求轨下基础具有更高的强度、更大的刚度和更好的稳定性。

高速铁路通过轨道结构扣件刚度与轨下基础的合理匹配、道岔内轨道刚度的优化设计以及合理设置路桥、路涵、路隧、有砟与无砟轨道等过渡段，实现了高速铁路轨道刚度均匀，有效保证了轨道的动态平顺性。

五、"零"沉降控制

高速铁路的无砟轨道对线路平顺性更敏感、要求更高，地面沉降具有沉降缓慢、影响范围广的特点，对运营阶段的无砟轨道而言危害巨大。我国无砟轨道运营期间路基工后沉降的允许值仅为 15 毫米。

为保证线路的平顺性，高速铁路选线设计时，需结合拟建铁路的实际情况，尽可能地避开地面沉降区。当线路不得不通过地面沉降区时，例如在我国长三角软土地基上建造的高速铁路，采用了多种措施来控制轨下基础沉降，如控制路基填筑质量，严格进行沉降评估，堆载预压，应用桩板、桩网等结构，以桥代路等，以满足高速铁路基础较小沉降的要求。

此外，针对软土和松软土地基沉降量大且延续时间长的特点，在无砟轨道设计中，设置了沉降标、沉降板、剖面沉降管、单点沉降计等路基沉降变形观测系统，对地基、路基面沉降变形进行监测。采用经验和数值回归分析方法，评估预测路基工后沉降变形，以确定合理的铺轨时间和需要采取的加速沉降措施，同时为运营后路基沉降变形状态的监测和评估提供基础，指导运营管理。

六、精密控制

高速列车在轨道上安全、平稳地飞驰，主要依赖高平顺性的高速铁路轨道，为此，高速铁路轨道是以毫米级精度控制线路平顺性的，而这种高精度的平顺性控制主要依仗高速铁路沿线看不见的"天罗地网"——高速铁路精密测量体系。

高速铁路采用逐级控制的原则，建立各级平面和高程控制网。平面控制网分五级布设，第一级为框架控制网（CP0），第二级为基础控制网（CPⅠ），第三级为线路控制网（CPⅡ），第四级为轨道控制网（CPⅢ），第五级为轨道基准网（GRN）。各级网络是逐级控制的关系，即CP0控制CPⅠ，CPⅠ控制CPⅡ，CPⅡ控制CPⅢ，CPⅢ控制GRN。高程控制网分两级布设，第一级为线路水准基点控制网，为高速铁路工程勘测设计、施工提供高程基准；第二级为轨道控制网（CPⅢ），为高速铁路轨道施工、维护提供高程基准。

此外，高速铁路工程测量的平面、高程控制网，按施测阶段、施测目的及功能可分为勘测控制网、施工控制网、运营维护控制网。为了保证勘测、施工、运营维护各阶段平面和高程测量成果的一致性，采用三网合一的原则，统一勘测控制网、施工控制网和维护控制网的坐标和高程基准，实现对设计、施工、运营及维护等全过程的测量控制，确保高速铁路线形、形位准确。

七、严检慎修

铁路基础设施的养护维修一般涉及管理、检测、养护和修理四部分工作。我国高速铁路基础设施养护维修体制依照作业内容的不同分为管理维护、检测和修理（简称"管、检、修"）。

高速铁路线路养护维修的主要特点是按设备的状态进行必要的适度维修，即"状态修"。线路"状态修"是以线路设备运行状态为基础，而线路的检测是获得线路设备技术状态信息、掌握线路设备变化规律、编制维修作业计划和分析设备病

害的主要依据。

不同于普速铁路，在高速铁路基础设施维修中检测重于维修，高速铁路线路维修按照"预防为主、防治结合、严检慎修"的原则。即按照既定标准严格检测，发现问题，先进行理性分析，再制定经济合理的修理方案，最后按照既定标准谨慎修理，保质保量，确保"零误差、零缺陷、零故障"，做到既不失修又不过修，避免养护维修中的盲目性，确保设备始终处于可靠受控的状态。

八、防灾监控

"安全"是铁路永恒不变的主题。在整个铁路运输过程中，首要任务是保证运输安全。随着高速铁路与高速列车技术的快速发展、高速铁路列车运行速度的提高和列车密度的加大，行车安全变得越来越重要。

防灾安全监控系统是保证高速铁路列车运行安全的重要基础装备之一，它对危及高速铁路列车运行安全的风、雨等灾害和异物侵限等进行实时监测报警、预警。当遇到极端天气不利于高速铁路行车时，防灾安全监控系统能通过列车限速或停车等措施，提高铁路运营安全。防灾安全监控系统是高速铁路安全运营的守护者。

九、环境友好

环境友好是高速铁路区别于传统铁路的又一突出特征。

一方面，在高速铁路规划及建设中会根据城市建设的近远期规划、功能区划分、城市自然环境、生态环境、景观特点、交通道路布局等综合考虑线路走向及车站设置，使高速铁路与城市建设协调发展、与城市环境相和谐。

另一方面，高速铁路通过采用设置声屏障、沿线绿化、优化隧道洞口造型、设置隧道洞口缓冲结构等措施，有效控制噪声与振动的产生和传播，同时保证了高速铁路与沿途景观的协调性，实现了与自然环境的和谐共处。

第三节　国外高速铁路线路
——中外高速铁路线路对比

一、日本——新干线

要说高速铁路的故事，就绕不开一个国家——日本，作为高速铁路的发源地，日本的新干线，就像一座丰碑，永远矗立在世界高速铁路发展的历史画卷中，在长达17年的时间里，新干线一直代表着世界上最快的铁路系统。

1964年10月1日清晨5点59分，东京奥运会开幕前9天，日本东海道新干线第一趟"光号"动车组首发，动车从首都东京开往大阪，全程515公里，一般运营时速210公里，最高时速达270公里，新干线的开通使东京到大阪的旅行时间从7小时左右缩短到3小时10分钟。

这条专门用于客运的电气化、标准轨距的双线铁路，代表了当时世界第一流的高速铁路技术水平，成为一项支持日本经济起飞的重要基础设施，被誉为"经济起飞的脊梁"，标志着世界高速铁路由试验阶段跨入了商业运营阶段。

到2007年，新干线N700系动车组已经将东京到大阪的旅行时间进一步缩短到2小时25分钟。东海道新干线作为世界上第一条高速铁路线路，经过的是日本经济最发达、人口最密集的地区。这条高速铁路的开通，对日本而言，其承载的希望和蕴含的意义绝非仅仅是火车速度的提高和对沿线经济发展的拉动，而是二战之后国家综合实力的恢复和重新崛起的标志。

但是，在提出东海道新干线建设计划时，日本的经济刚进入复苏阶段，整个国民经济发展水平还相对较低。因而在东海道新干线的设计与建设中，设计者和工程师们更多地追求的是控制造价，这导致东海道新干线的线路建设标准不高。例如设计中采用的是小截面的50千克/米钢轨（现在世界高速铁路

以 60 千克/米钢轨为标准轨）、钢筋混凝土轨枕长 2.4 米（我国高速铁路有砟轨道混凝土轨枕长 2.6 米）。除此之外碎石道床、碎石面砟厚 30 厘米、垫砟层厚 20 厘米；道砟材料也仅按普通线路道砟材质标准选用，道床边坡为 1∶1.6。

而且由于东海道新干线沿线多为不良地质地段，不是地质松软的冲积平原，就是山区或者丘陵地带，降水量大还常有台风的侵袭，为了降低工程造价，东海道新干线有 54% 的线路选用的是路基形式。

但让日本的铁路工程师们始料未及的是，为控制建设成本，采用相对简单的施工方法和地基处理方法，使东海道新干线的路基在雨季出现了大量的翻浆冒泥现象，不断塌方造成了轨道下沉、道床弹性功能下降和轨道偏差，对线路养护维修和列车运行安全造成了严重危害。

因此在东海道新干线的运营经验基础上，日本后续建设的几条新干线基础设施有了较大变化，主要表现在：越来越多地采用无砟轨道结构形式、不同构筑物形式所占线路总长度的比重也有所调整。

新干线的地位从最初的单纯地解决运输瓶颈，最后上升到了国家战略规划的高度——新干线系统成为日本的国家名片，人们谈起日本就会说起日本的新干线，谈起高速铁路就会想到日本的新干线。自 1964 年东海道新干线开通运行，日本政府从高速铁路中"尝到甜头"后，1971 年日本国会审议并通过了《全国铁道新干线建设法》，掀起了高速铁路建设的浪潮。从 20 世纪 60 年代到今天，新干线建设如火如荼、方兴未艾。

根据国际铁路联盟（UIC）提供的统计数据，从 1964 年到 2011 年，日本已经先后开通了 16 条新干线，其中运营速度达 240 公里/小时的新干线有 11 条。

图 1.4　日本新干线 N700 系列车　罗春晓摄

二、法国——TGV

日本高速铁路一鸣惊人，让许多发达国家看在眼里，奋起直追，法国就是其中之一。但后起之秀的法国在铁路试验速度上超过了前辈日本，为世界高速铁路发展历史留下了浓墨重彩的一笔。

法国高速铁路被称为"TGV（train à grande vitesse）"。1981 年 9 月 27 日，法国政府十年磨一剑，一条连接首都巴黎和里昂、全长 417 公里的高速铁路线路上奔驰着首次登场的 TGV 高速列车——以 380 公里/小时的试验纪录和 270 公里/小时的商业运行速度，一亮相就轰动了世界。

TGV 的成功开通运营，让法国成为继日本之后第二个掌握高速铁路技术的国家，而且技术上另辟蹊径、自成体系，速

度上还实现了超越。这让法国在高速铁路领域扬眉吐气，赚足了关注度。

法国在研究高速铁路之初，法国国有铁路公司（SNCF）就提出了设计 TGV 高速铁路系统的几项重大原则，包括①选择一个较高的速度；②新线客运专用；③新线与既有线兼容；④高密度少中转的运营系统；⑤选择一个经济最优化方案。

为此，法国高速铁路特别重视线路基础结构的高标准、高质量，因为保持良好的线路稳定性是列车高速安全运行的关键技术之一。法国国有铁路公司在对轮轨垂向力、横向力、纵向力进行深入研究试验的基础上制定了一整套适于高速线路的标准和技术规范。例如铺设跨区间无缝线路使用强度等级为900兆帕斯卡（MPa）的 UIC 60 钢轨，要求有极高的纯净度，焊接长轨的平顺性要求为：每 3 米钢轨长度的不平顺不超过 0.3 毫米；使用双块式钢筋混凝土轨枕，且各项性能应严格符合有关的标准和技术条件；道砟选用坚硬的火成岩，颗粒直径为 25～50 毫米，遵守严格的球形标准，保证道砟厚度为 35 厘米；在桥梁的设计制造方面充分考虑了高速行车工况下桥梁的动态特性和抗疲劳耐久性，同时还要求简化维修、降低噪声，以保证行车的安全性和乘坐舒适性，并降低维修成本。

事实证明，在高标准、高质量的线路上，TGV 高速列车以无可阻挡的态势创造了诸多世界纪录，成为高速铁路领域神话般的存在。

1990 年 5 月 18 日，TGV 高速列车创下 515.3 公里 / 小时的世界纪录；2007 年 3 月 3 日，这保持了 17 年的世界纪录被 TGV 自己打破，再度创下 574.8 公里 / 小时的速度新高。而这一年的 4 月 18 日，中国铁路第六次大提速，国产动车组，中国品牌高速列车 CRH（China railway high-speed）动车组开始正式投入营运——首次开行时速 200 公里及以上的城际铁路动车组 212 对。那个阶段法国在高速铁路领域的领先程度，由此可见一斑。

高速铁路线路工程 >

图 1.5　法国 TGV-R 高速列车　罗春晓摄

在 1981 年法国开通运营东南线 TGV 后，为进一步扩大高速铁路的辐射范围、让这一先进技术惠及更多人，作为欧洲国土面积第三大、西欧面积最大的国家，法国政府规划、构建了全国的高速铁路网，不遗余力地将高铁路线向国土的各个角落延伸。

三、德国——ICE

德国高速铁路称为 ICE（inter city express）。德国的高速铁路技术储备其实并不亚于法国，1988 年 5 月，德国的 ICE-V 型列车在汉诺威至菲尔茨堡新建高速线上创造了 406.9 公里/小时的世界速度最高纪录。但是德国的实用性高速铁路直到 20 世纪 90 年代初才开始修建——比法国晚了整整 10 年，比日本晚了整整 27 年。这个技术实力雄厚的老牌现代化

国家险些错失高速铁路世界强国的第三把交椅。

德国高速铁路的研发起步并不晚,但前前后后经历了二十多年才着手修建。在这漫长的时间里,德国交通运输部与德国联邦铁路(DB)就高速铁路技术、投资、环保等诸多问题方面展开了一场旷日持久的争论——这与我国为修建京沪高速通道,是修建一条高速轮轨铁路还是高速磁悬浮线路展开了持续18年的"轮轨之争"极为相似。所谓"成也萧何败也萧何",在高速铁路起步阶段,德国人的严谨作风让德国高速铁路徘徊耽误了很久;但在高速铁路大跨步前进阶段,又是他们的严谨作风让德国高速铁路涅槃重生,成为世界上拥有最先进高速铁路技术的国家之一。

德国地处欧洲中心,国际客货流过境运量大,而且国内人

图 1.6　德国 ICE3 高速列车　罗春晓摄

口稠密,居民点分散,中等城市遍布全国各地,城市间的铁路客、货运输量普遍较大。而且既有线路的线路质量一般较高,允许运营速度为160～200公里/小时。在这样的国情下,德国发展高速铁路时,不会脱离原有铁路网的基础,不会不重视原有城市间的基本客流,也不会放弃大量的货物运输市场。因此,德国发展高速铁路的主要特点是基本上实现客货混运,而且采用在干线上先建最急需的高速区段,并与既有线其他区段连通运行,即新旧线混用。

为了保证所修建的高速铁路能做到客货混运而且货物列车以80～120公里/小时速度运行,在线路设计中,必须提高设计标准,选择较强的线路结构,以满足火车较大轴重的运行需求;选择较大的曲线半径,以保持货物列车以较低速度通过曲线时,过高超值不会太大;选择较小的最大坡度值,以保持货物列车在这些坡道上能以正常的机车牵引力通过。由此所形成的结果是高速线路通过德国中部山区时,必须修建大量的隧道群和高架桥,因此建设高速铁路的成本也相应地比较高。

第四节 中国高速铁路线路之最
——中国高速铁路线路创新与成果展

一、示范性高速铁路——京津城际

世界上第一条投入商业运营的高速铁路是连接东京和大阪两个大都市的东海道新干线,于1964年10月1日正式运营。它的开通是为了迎接1964年10月10—24日在东京举行的第18届夏季奥林匹克运动会。

在中国,也有这样一条与奥运密切相关的高速铁路——京津城际客运专线,它也是我国第一条时速300公里以上的高速铁路。京津城际全线于2005年7月4日正式开工,历时近3年时间,于2008年8月1日正式开通运营,线路全长117公里,连接首都北京及四大直辖市之一的天津。而一周后的8月

8日，第29届夏季奥林匹克运动会——北京奥运会隆重开幕。京津城际的开通运营，无疑为北京奥运会的成功举办增光添色不少。

京津城际设计时速350公里，是满足中国高速铁路定义的中国大陆范围内第一条城际高速铁路，也是国家《中长期铁路网规划》中第一个开通运营的城际客运系统。起点为北京南站，终点为天津站。线路全长117公里，其中无砟轨道长度为113.6公里。全线2005年7月4日正式开工，2008年8月1日正式开通运营。

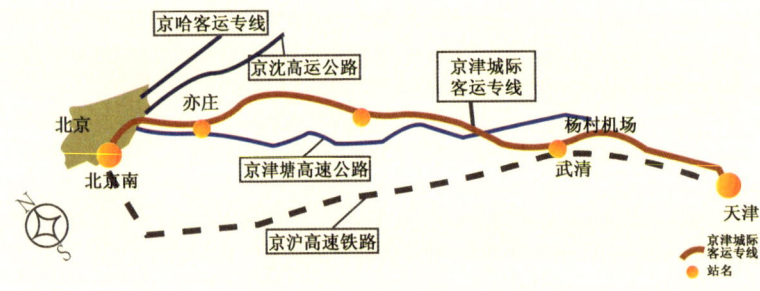

图1.7　京津城际铁路线路图

京津地区是经济发展最快的区域之一，也是中国城市人口最密集、城市化水平最高的地区之一。运营时速300公里以上的高速铁路把京津两地的时空距离缩短到35分钟，对促进以京津为中心的环渤海地区的社会经济发展具有重大意义。一方面，便捷的高速城际铁路大大方便了两地的经济交流，成为两地经济发展的"加速器"，加快了北京、天津商贸旅游的繁荣发展。另一方面也加速了两地人员流动，优化了两地的资源配置，逐步改变着两地人的生活观念及习惯，有力地促进了两地的"同城化"和"一体化"，"同城效益"更加显现。

在技术方面，京津城际铁路大量采用国际领先的铁路建设技术，开创了中国铁路建设史上的多项"第一"。

京津城际全线首次大面积采用无砟轨道技术，首次采用500米长钢轨工地焊接施工工艺，一次性铺设跨区间无缝线路

233公里，主要结构均采用高性能混凝土，线下结构与无砟轨道系统实现了高精度对接。特别是无砟轨道技术的应用，京津城际建设的技术含量、质量要求之高在中国铁路建设史上前所未有。

京津城际铁路选用自重约900吨的跨度32米双线预应力混凝土简支箱梁，并实现了工厂化制作，中国高速铁路线路工程特点之一——"高架长桥"，逐步形成并推广开来。

作为中国第一条运营时速达到300公里以上的客运专线，京津城际铁路是中国铁路客运专线的示范工程，是京沪高速铁路的独立综合试验段，探索构建了中国高速铁路建设管理和技术标准体系，为建设世界一流高速铁路提供了技术支撑和宝贵经验。

京津城际铁路旅客发送量从2008年的635万人次，逐年递增至2013年的2 585万人次，累计发送旅客1.17亿人次，平均客座率72%。随着以城际铁路为骨干，多功能、多层次、多方位、立体式快速高效综合交通网的逐步建立，京津冀交通逐步一体化，这必将对京津冀协同发展发挥更大的推动促进作用。

二、标杆性高速铁路——京沪高速铁路

京沪高速铁路，连接着中国两个最大的国际大都市，政治中心——首都北京和经济中心——上海。这条人流、物流最繁忙的通道，是中国"四纵四横"客运专线网其中的"一纵"，也是中国《中长期铁路网规划》中投资规模最大、技术水平最高的一项工程。

如果说，中国要建设一条高速铁路，那绝大多数人都会觉得首先应该把最繁华的北京和上海连通起来。事实上，我国对京沪高铁的研究从20世纪90年代初就启动了，1990年铁道部完成《京沪高速铁路线路方案构想报告》——这可以看作为中国高铁真正的起点。但直到2008年京沪高铁才举行开工典礼，这中间漫长的18年，围绕要修建一条高速轮轨铁路还是

一条高速磁悬浮线路，专家们展开了一场旷日持久的舆论大战。

由于技术的局限性，当时很多人认为 270 公里/小时是轮轨系统的极限，显然那时候的铁道部想让京沪高铁跑得更快些。但是另一方面，磁悬浮商用国外并不多，专家们国外考察了一圈下来，发现磁悬浮方案也并不怎么理想——造价高且技术不成熟。铁道部考虑与既有路网兼容，加上秦沈客运专线于 2003 年的成功运营，国务院批准《京沪高速铁路项目建议书》时，其中明确京沪高铁将采用高速轮轨技术建设。

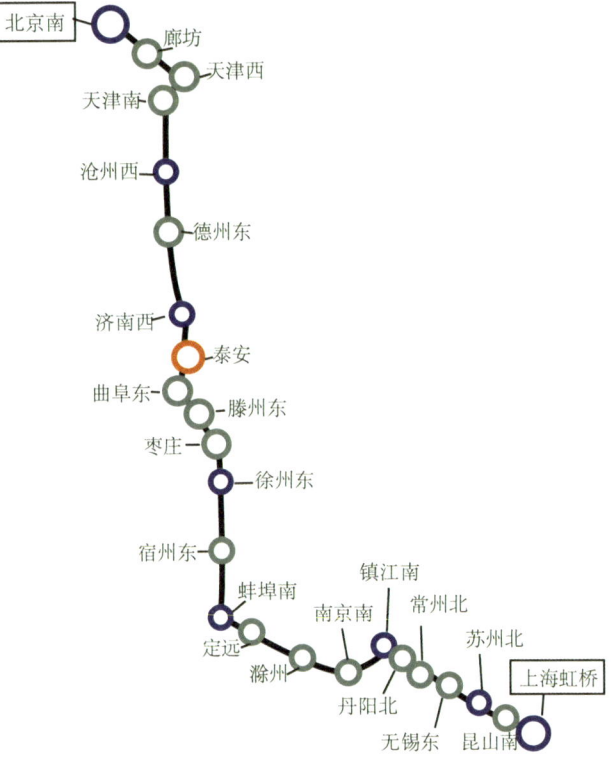

图 1.8 京沪高速铁路线路图

2008 年 4 月 18 日京沪高铁正式开工，2011 年 6 月 30 日通车，当时的国务院总理温家宝主持通车典礼。线路由北京南站至上海虹桥站，全长 1 318 公里，纵贯北京、天津、上海三个直辖市和冀鲁皖苏四省，连接京津冀和长江三角洲两大城市群。总投资约 2 209 亿元，设 23 个车站。基础设施设计速度为 350 公里/小时，目前最高运营时速为 350 公里（由 CR400 系列"复兴号"列车担当）。北京到上海的 G7 最快只需 4 小时 24 分钟。2014 年京沪高铁的日均发送超过了 29 万人次，高铁客票收入约 300 亿元，运送旅客超过 1 亿人次，比上年同期增长 27%，实现利润约 12 亿元——因此，京沪高铁也是我国第一条实现盈利的高速铁路，也是最繁忙的一条高速铁路。

三、高寒高速铁路——哈大高速铁路

哈大高速铁路是国家"十一五"规划的重点工程，是国家《中长期铁路网规划》"四纵四横"客运专线网中京哈客运专线的重要组成部分，是中国在最北端的严寒地区、设计建设

标准最高的一条高速铁路，哈大高铁于2012年12月1日正式开通运营。它南起海滨城市大连，向北经营口、鞍山、辽阳，到达东北地区的经济和文化中心沈阳，再向北经铁岭、四平、长春，直抵我国最北部省会城市哈尔滨。纵贯东北三省，途径3个省会城市（哈尔滨、长春、沈阳）、1个计划单列市（大连）和6个地级市（营口、鞍山、辽阳、铁岭、四平、松原）及其所辖区县。全长921公里，设计时速350公里、营运时速300公里，为双线电气化铁路。哈大高铁是东北地区第一条高速铁路客运专线，也是我国兴建的第一条高寒高速铁路。

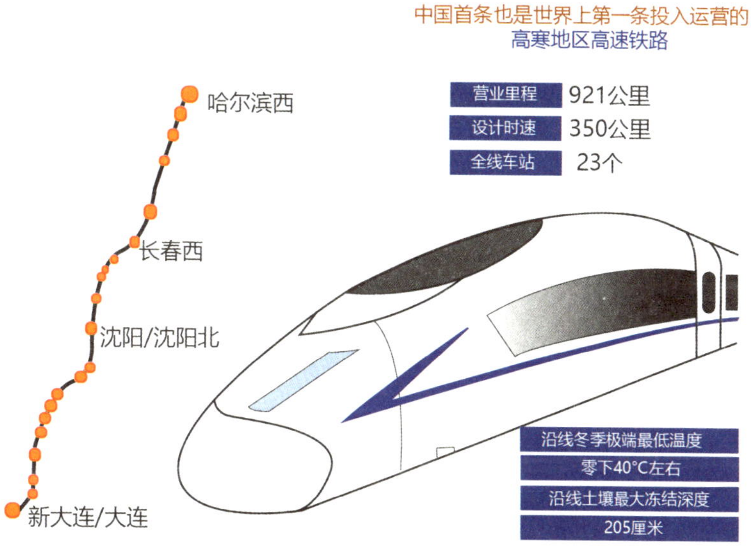

图1.9 哈大高铁线路图

和国内其他高速铁路不同，哈大高速途经我国最寒冷的地区，所经地区极端最低温度达−40℃，沿线土壤最大冻结深度达205厘米之厚。在"千里冰封，万里雪飘"的北国大地上，哈大高铁无疑是一条亮丽的风景线。

为了建成这样一条"高冷"的高速铁路，中国高铁技术人员面临着巨大的技术难题，因为寒冷恰恰是列车"提速"的最

大敌人。为此,他们开展了"哈大客运专线基础工程综合技术"等一系列课题的研究。这其中,主要包括寒区铁路路基防冻胀结构及设计参数研究、寒区铁路工程冻胀特点与防治措施研究、寒区客运专线路基与桥涵防冻胀技术研究、寒区铁路混凝土结构耐久性技术研究等。

在设计方面采取了很多针对性极强的措施以应对这种极端寒冷气候:路基冻结深度范围内填筑非冻胀性填料;路基高度小于季节冻深地段在路基两侧设置降水设施;低路堤地段设置防冻胀护道;地下排水设施出水口采用防冻胀设计;路基间排水采取轨道板底座内设置钢管外排设计等。在轨道技术方面,通过合理选择轨道结构,采用防开裂的双向预应力 CRTS Ⅰ 型板式无砟轨道结构,并在通用图基础上采取加强措施;研制满足严寒地区技术性能的水泥沥青(CA)砂浆。同时,动车组经由的道岔设置融雪设施,牵引供电系统设接触网融冰装置,防灾监控系统设雪灾监控子系统等。这一系列的技术创新提高了高速铁路在恶劣环境下的运营效率,保证了运营安全性。

哈大高铁的开通运营促进了东北三省的人流、物流、信息流的快速流动,缩短了东北与关内广大地区的时空距离,为东北区域经济一体化创造了条件;另一方面推动了沿线主要城市与周边城镇的"同城化",对促进东北三省乃至全国经济社会发展,都具有重要意义。

四、南北大通道——京广高速铁路

京广高速铁路,自北京丰台站起,经过北京、河北、河南、湖北、湖南、广东 6 省市,止于广州南站,全长 2 298 公里,共 36 座车站,设计最高时速 350 公里,运营时速为 300 公里(列车最高峰值时速不超过 310 公里)。沿途设有北京西站(经京广客运专线京西联络线)、北京丰台站、石家庄站、郑州东站、武汉站、长沙南站、广州南站等站点。连接环渤海经济圈、中原经济区、武汉都市圈、长株潭城市群、珠三

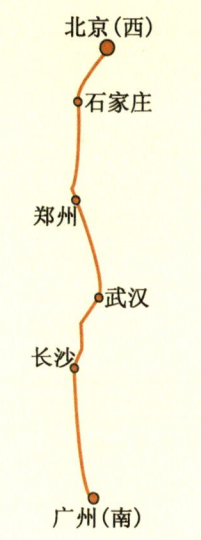

图 1.10 京广高铁线路图

角经济区，分北京到石家庄、石家庄至武汉、武汉到广州三段建设。其中南段的武广段于 2009 年 12 月 26 日率先通车运营；郑州至武汉段于 2012 年 9 月 28 日通车运营；北京至郑州段在 2012 年 12 月 26 日投入运营——这也是京广高铁全线开通运营的日子，至此从北京坐高铁到广州的旅行时间缩短至 8 小时。京广高速铁路被誉为世界上运营里程最长的高速铁路。

京广高铁郑州至武汉段使沿线各城市定位和布局重新得到评估，一些城市在高铁带动下焕发出新的发展活力，高铁周边城市在高铁圈中心城市的辐射带动下也快速发展。京广高铁郑州至武汉段的通车运营，将此前已经通车运营的郑州至西安高铁与武汉至广州、广州至深圳高铁贯通，形成一条纵贯南北、连接西部的大能力高速铁路通道。西安、郑州、武汉、长沙、广州、深圳等城市间可乘坐高铁相互直达，并在武汉与沪汉蓉铁路相连，为广大旅客出行创造了更为安全、快速、便捷、舒适的条件。在优化资源配置和产业布局、促进区域经济协调发展、降低社会物流成本、构建高效综合运输体系、促进城镇一体化进程等方面，都发挥了巨大的作用。

同时，京广高铁与既有京广线基本平行，有效释放了既有线货物运输能力，缓解了既有京广线运能紧张状况，完善了铁路网结构。与既有京广线、京港澳高速公路一起，形成贯穿我国南北，联系珠三角地区、港澳地区与中西部地区的高速度、大能力运输通道。对于方便中原地区与东、西部地区之间的人员流动，促进沿线经济社会发展，推动中部崛起、西部大开发发展战略的实施具有十分重要的意义。

五、西部大通道——兰新高速铁路

兰新高速铁路，是我国《中长期铁路网规划》中"八纵八横"高速铁路网陆桥通道重要组成部分，全长 1 776 公里，项目投资估算总额为 1 435 亿元。东起甘肃兰州与徐兰高速铁路相接，途经青海西宁，甘肃张掖、酒泉、嘉峪关，新疆哈密、

吐鲁番，西至新疆乌鲁木齐，旅客列车设计最高时速250公里/小时，于2009年11月正式开工建设。2014年12月26日，兰州铁路局开通兰州西站至乌鲁木齐南站首趟动车组列车，标志兰新高铁全线开通运营。2017年7月9日，国家高速铁路网"四纵四横"之一徐兰客运专线西段宝鸡—兰州客运专线（宝兰客运专线）全线通车，标志着兰新高铁全面融入国家高速铁路网。

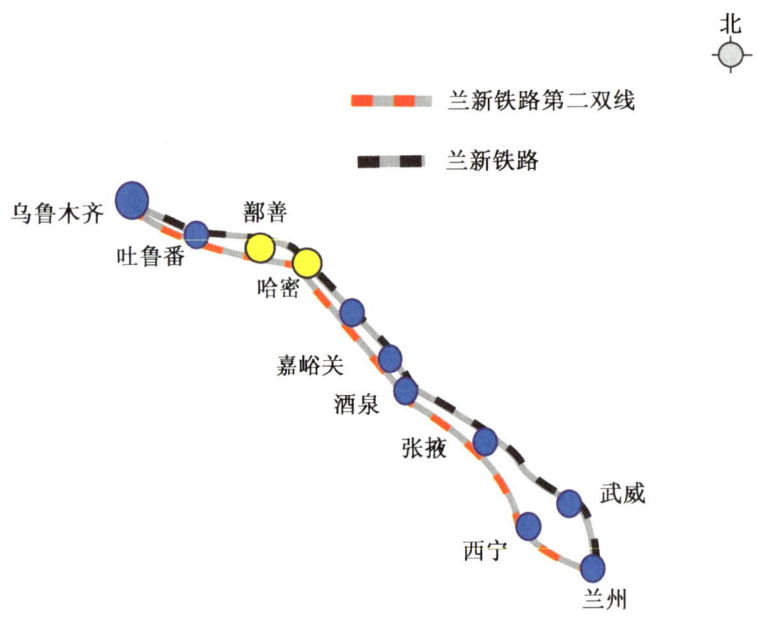

图1.11 兰新高铁线路图

兰新高铁是一条用智慧与汗水共同铺就的铁路，它问鼎了6个"世界之最"，是中国铁路建设史上具有里程碑意义的一条线路。

1. 它是世界上一次性建成里程最长的高速铁路

兰新高铁从兰州出发，途经青海西宁、甘肃张掖、酒泉、新疆吐鲁番等39个车站，伴着"信天游"的豪放，从奔腾的黄河到宁静的天池，最终进入乌鲁木齐。全程绵延1 776公里，一气呵成。

2. 它是世界上第一条大范围穿越戈壁地段的高速铁路

兰新高铁横亘在大西北荒野戈壁上，面对恶劣的自然环境，全体参建员工不畏施工艰险，勇攀科技高峰，克服了诸如戈壁地区无砟轨道施工等多个世界性难题。

3. 它是世界上穿越最长风区的高速铁路

兰新铁路第二双线在新疆境内经过烟墩风区、百里风区、三十里风区和达坂城风区四大风区。在风力最强劲的区段，年均8级以上的大风天气高达208天。

4. 它是世界高铁建设中首次设置防风工程的高速铁路

为顺利穿过多个风区，兰新铁路在沿途建有462公里的挡风墙，占新疆段线路总长的65%。

5. 它是世界上第一条修建在高原地区的高速铁路

兰新高铁不仅克服了高原上施工面临的冻土、极寒等多个难题；而且设计中坚持了顺应自然、保护生态的原则，良好地保护了当地的珍稀动植物。祁连山隧道穿越碎屑流及富水断层破碎带，经过高原冻土，被誉为"世界高铁第一高隧"。其中贯通青海、甘肃两省的祁连山2号隧道，全长9.49公里，最高海拔4345米，最大埋深超过800米，开挖断面达160平方米，是目前世界上海拔最高、建设标准最高和施工难度最大的高速铁路隧道。

6. 兰新高铁也是世界上海拔高差最大的高速铁路

兰新高铁作为国家西部大开发的重点工程，除了刷新多项世界纪录外，更是推动丝绸之路经济带上西北五省区——陕西、甘肃、青海、宁夏、新疆发展的强大运输保障和重要交通走廊。它的建成开通，使得新疆和内陆省区联系的主构架完全形成，客运与货运能力都大幅提升。

同时，兰新高铁的建成以及既有兰新铁路的扩能改造，使兰新铁路货运能力得到释放，新疆煤炭外运能力提升，内地的工业品可以更大规模地进入新疆。两条铁路相辅相成，既能满足人们出行需要，又可拓宽沿线三省区及中亚等地煤炭、棉

花、瓜果等优势资源的运输通道，使资源优势尽快转化为经济优势，加快西部大开发进程。

兰新高铁的建成改善了新疆和内陆人员的交往和经济交流环境，对增进民族团结、促进边疆经济发展都有着极其重要的意义。通过亚欧大陆桥的国际交流也将形成战略性布局。

第二章

高速铁路选线技术

第一节　马良神笔如何勾勒高速铁路线路

第二节　蜿蜒曲折的高速铁路平面

第三节　高低起伏的高速铁路纵断面

第一节　马良神笔如何勾勒高速铁路线路
——高速铁路选线思想和理念

在高速铁路工程设计与建设中，线路选线是一件关系到全局的总体性工作，综合性强，牵涉面广，涉及多学科的综合应用，是一项复杂的系统工程。

随着铁路技术指标的提高和高桥、长隧道修建技术的发展，铁路选线理念发生了较大变化。高速铁路选线设计更加注重工程安全，更加注重环境、城镇规划、资源开发、交通、农田、水利设施间的协调，要求总体上相互配合，全局上经济合理。线路选线的质量将直接关系到铁路工程建设的可靠性、安全性、技术可行性、经济合理性和社会接纳性。

一、经济效益和社会效益选线理念

高速铁路的发展是城市建设协调发展的过程，规划及建设应根据城市建设的近远期规划、功能区划分、城市自然环境、生态环境、景观特点、交通道路布局等综合考虑线路走向及车站设置，使高速铁路与城市协调发展、城市环境相和谐。

因此，在线路选线中应统筹考虑国家整体利益与区域经济利益，要尽量考虑靠近城镇和主要经济发展点，并结合地方其他建设项目及规划，使两者协调配合。在满足技术标准条件下，线路宜绕避高新技术开发区、规划发展工业区以及军事设施等。避免与城镇规划发生干扰，使铁路选线方案既能满足铁路自身发展需要，又能带动地方经济发展。通过兼顾国家、地方、铁路三方的关系，使社会效益和经济效益得到完美统一。

高速铁路车站，作为城市的门面和标志性建筑，站址选择应与城市规划，特别是交通规划相结合，在适应和满足城市功能布局、交通网络及城市景观等方面要求的前提下，高速铁路车站应该深入城市中心，充分发挥铁路运营全天候、准时、方便的服务功能。

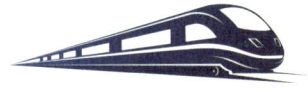

二、地质选线理念

我国是全球具有许多地质特色的地区之一，多种多样的地质构造活动不仅为形成丰富的矿产资源提供了优越的成矿条件，而且构成了多姿多彩的地形地貌。全国地势西高东低。南部层峦叠翠，阡陌连绵；北部浩瀚无垠，镶嵌片片黄沙戈壁。

铁路选线设计时会尽量绕避各类不良地质体，充分考虑不良地质和特殊岩土的影响，结合各种不良地质、特殊岩土的性质和要求，合理选择工程类别。对于难以绕避的不良地质体，在线路规划师们"大刀阔斧"画线之前，地质勘探工作者们会在荒郊野外进行详细的地质勘探。规划师结合地质勘探报告及相关技术标准，再进行铁路线路走向的具体设计。

地面沉降是指在人类工程活动影响下，由于地下松散地层固结压缩，导致地壳表面局部标高降低的一种工程地质现象。造成地面沉降的原因一般有地下水、石油、天然气的开采等，我国沿海、沿湖、沿河地带广泛分布着软土地基，是最容易发生地面沉降的区域。

高速铁路无砟轨道对线路平顺性更敏感、要求更高，地面沉降具有沉降缓慢、影响范围广的特点，对运营期的无砟轨道而言危害巨大。因此，高速铁路选线设计时，需结合拟建铁路的实际情况，避开地面沉降区。当线路不得不通过地面沉降区时，例如我国长三角软土地基上建造的高速铁路线路，都经过了特殊地基加固处理。

对于我国北方地区而言，比较头痛的是另一种土——冻土。所谓冻土，是指0℃以下并含有冰的各种岩石和土壤。冻土是一种对温度极为敏感的土体介质，具有流变性，它的长期强度远低于瞬时强度特征。正是由于这些特征，在冻土区修筑高速铁路必须面临两大危险：冻胀和融沉。

因此在冻土地区，线路尽量选在坡度较缓、地表干燥、向阳的地段通过。线路通过山丘丘陵地区时，最好选择在冻融坡积层缓坡的上部。线路宜选择在岩石，卵石土，砾石土，粗、

中、细砂和含水量小的黏土、黏砂土等少冰冻土地带；大、中桥宜选在大河的融区地段或基底为少冰冻土的地段；隧道尽量避免穿过地下水发育的地层；车站，特别是大型车站尽量选择在非融沉土的地带。

三、环保与节约资源选线理念

随着经济的发展，人民生活水平的提高，环境质量价值越来越高，可持续发展已经成为各类工程建设必须面对的重要课题。

高速铁路非常注意保护生态环境，最直观的感受是，当我们乘坐高速列车在高山绿水间飞驰的时候，可以看到路基两侧边坡上美丽的绿色植被，这种绿色植被与工程相结合的边坡防护措施，既具备传统边坡防护工程的基本功能，又兼顾了美观、环保和水土保护。

另外，高速铁路线路曲曲折折向前延伸的时候，沿途可能会遇到自然保护区、风景名胜区、国家重点保护区、饮用水源保护区等环境敏感区。线路规划师在图纸上进行高速铁路选线设计时，会尽可能绕开上述环境敏感区。当遇到不能避绕的情况时，在符合有关法律、法规规定的前提下，会通过采用一些工程措施来减缓高速铁路工程对环境的不利影响。

"高速"是一把双刃剑，它给乘客带来高速度飞驰体验的同时，也带来了因"高速"产生的高频振动和噪声。振动和噪声是高速铁路工程较为突出的负面环境效益。因此，为满足国家环境保护标准和要求，当高速铁路线路通过城市或居民集中地区时，会采用降低速度目标值或者增设减振降噪设施等措施来控制振动和噪声。

还有，作为综合交通体系的重要组成部分，高速铁路选线时还会考虑既有高速公路、铁路等交通走廊的影响，特别是引入城市地区时，要充分利用既有交通走廊，这样可以减少对城市的分割，实现土地资源的集约化利用。

第二节　蜿蜒曲折的高速铁路平面
——高速铁路平面设计

"两点之间，直线最短"，这是但凡有点几何学知识的人都知道的基本常识。以北京、上海两个中国超大城市为例，二者间的直线距离约为1 050公里，但是为何京沪高铁曲曲折折地走了1 318公里才实现了两者的联通。从最短路径角度出发，为什么高速铁路线路不是一条条笔直的直线呢？

这是因为，线路路径最短，却不一定是工程造价最低和线形最优。由于地势的复杂性，一些"遇山开山，遇水劈水"简单粗暴的做法并不经济合理，因此我们往往采用"避开、绕远"的方式设计和建造线路。此外，如上一节线路选线理念所说，为统筹考虑国家整体利益与区域经济利益，线路要尽可能通过或靠近城镇和主要经济发展点。所以，直线线形是理想主义，但曲曲折折的线形才是现实主义。

一般而言，铁路平面线形由直线、曲线和缓和曲线组成。

一、曲线超高

我们都有过这样的体验，就是在电视上看自行车比赛，选手通过弯道的时候都会不自觉倾斜车体，以保持身体的平衡，才能继续以很快的速度通过弯道。

自行车比赛选手之所以要选择这样的姿势通过弯道，是因为物体在快速做圆周运动的时候，有一个把人和车向外甩的惯性力——离心力。通过倾斜车体的方式，可以借用人和车的重力分量平衡这个离心力，一方面实现了运动中的平衡，另一方面也保证了比赛中能以较高的速度通过曲线。

高速列车的速度更快，那么高速列车是怎么在保证一定通过速度的同时，与离心力抗衡，安全平稳舒适地通过曲线的呢？

对于这个问题，铁路工程师们的解决方法是，在曲线轨道

图 2.1　自行车比赛中过弯道时的姿势

上设置外轨超高。曲线上,离曲率中心近的内侧钢轨,我们称之为"内轨";离曲率中心远的外侧钢轨,我们称之为"外轨"。所谓"外轨超高",是指将外侧钢轨故意抬高的数值。

由于列车车轮在钢轨上滚动运行,在抬高外轨的情况下,车体倾斜,可以借助车辆重量的水平分力平衡离心力,从而达到内外两股钢轨受力均匀的目的,同时也一定程度上提高了乘客的乘坐舒适性。

那么超高与哪些因素有关,设计师们在线路设计的时候又是如何确定超高数值的呢?

运用简单的高中物理知识,我们不难推导得到超高的计算公式:

$$h = 11.8\frac{v^2}{R}$$

其中，h 是曲线超高，单位为毫米；v 是列车的行车速度，单位为公里/小时；R 是曲线半径，单位为米。

从上述公式中，我们发现超高的数值大小只与行车速度和曲线半径有关，行车速度越大，所需要的超高数值越大；曲线半径越大、线路越平直的情况下，所需要的超高数值越小。

曲线实设超高最大值主要取决于列车在曲线上停车时的安全、稳定和旅客舒适度要求。根据实验结果和国外经验，我国《高速铁路设计规范》规定有砟轨道最大超高设计值为170毫米，无砟轨道最大超高设计值为175毫米。

根据上述公式，在曲线半径 R 和曲线超高 h 确定的情况下，就会唯一确定一个列车通过速度 v_0。当线路上通过的列车速度大于 v_0 时，其所需的超高数值就会大于超高设定值 h，此时存在"欠超高"现象；反之，当线路上通过的列车速度小于 v_0 时，其所需的超高数值小于超高设定值 h，此时存在"过超高"现象。这种欠超高和过超高的情况一直存在于我国过去客货混跑的线路上，但高速铁路是客车的"私家跑道"，列车通过速度较为集中和统一，因此"欠超高"和"过超高"现象都不明显，旅客乘坐舒适度更佳。

二、曲线半径

最小曲线半径是线路设计过程中的主要标准之一，它与铁路运输模式、速度目标值、旅客乘坐舒适性和列车运行平稳性等有关。

高速铁路设计时，一般在速度目标值确定后，按照最优舒适度条件确定未被平衡超高值，通过未被平衡超高值和最大超高允许值反推出最小曲线半径。在枢纽区段，为充分体现工程设计技术经济的合理性，最小曲线半径确定时需引入 v-S 曲线，即根据运营车型牵引特性确定的，以距离 S 为横坐标，以列车运行速度 v 为纵坐标的二维曲线进行细化设计，在确定枢纽曲线处最高速

度的基础上最终确定最小曲线半径。我国京沪高铁与国外主要高速铁路线路在最小曲线半径上的对比，如图 2.2 所示。

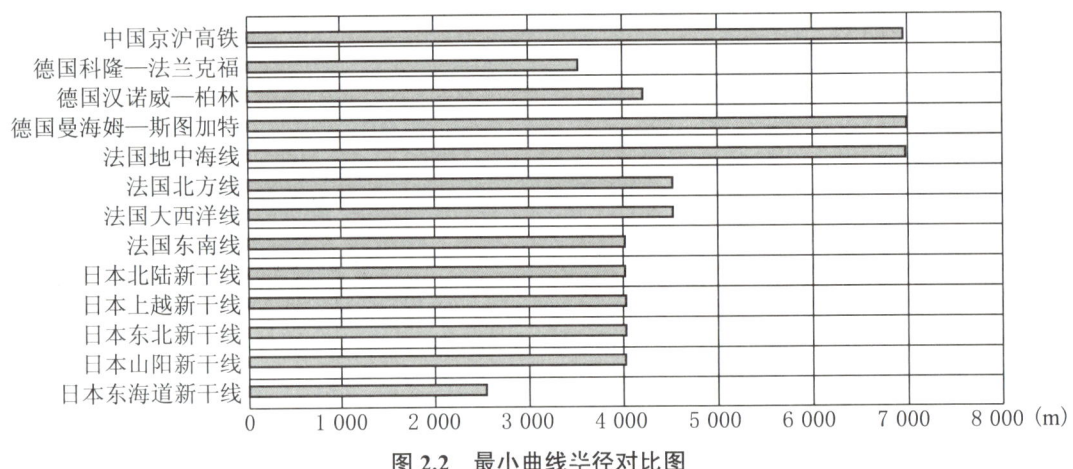

图 2.2　最小曲线半径对比图

与最小曲线半径对应的，铁路平面曲线还有一个重要指标——最大曲线半径。如果说最小曲线半径是受制于列车通过速度、超高设置和运行安全性舒适性，那么最大曲线半径则主要受到线路测设精度和养护维修检测精度的限制。换句话说，曲线半径当然越大越好，但是过大的曲线半径，线形与直线相差无几，设计图纸上轻描淡写的一笔却无法在现场放样铺设出来。

曲线正矢是铁路上的常用专业术语之一，它是线路曲线区段平顺性管理的关键指标。在曲线半径已知的情况下，我们用一段固定长度的直线 BC 去贴靠曲线，如图 2.3 所示，则不难通过几何关系计算得到 BC 中点 D 与曲线的偏离值 AD，该数值即为曲线正矢。因此在线路铺设和运营期养护维修过程中，为了保证曲线区段线形与设计值一致，铁路工程师们常用弦绳配合钢尺的方法测量实测正矢值，依据实测值进行曲线区段线形的调整。

然而，当曲线半径达到一定程度后，理论正矢值将变得很小，测设和检测仪器均难于保证对这一较小数值的检测精度，

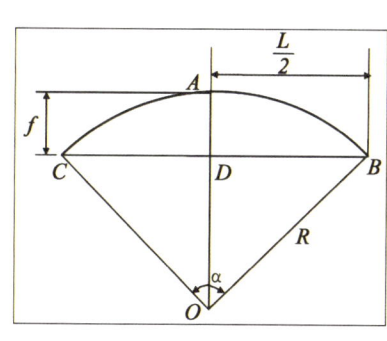 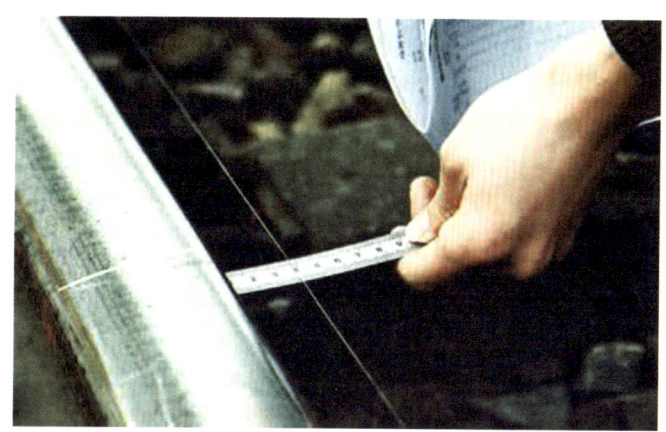

图 2.3　曲线正矢及其测量方法

这种"测不准"反而可能成为曲线区段轨道不平顺的原因，影响列车通过曲线时的安全性和舒适性。因此，铁路线形设计过程中也会对曲线最大半径加以限制。

综合考虑线路测设精度和轨道检测精度，并参考国外试验线上最大曲线半径情况以及国外研究 350 公里/小时高速铁路设计标准的新动向，我国《高速铁路设计规范》中规定高速铁路最大圆曲线半径为 12 000 米。

三、缓和曲线

行驶于曲线区段的高速列车，会出现一些与直线区段运行显著不同的受力特征，如曲线区段的离心力、外轨超高不连续引起的冲击力等。为使列车安全、平稳、舒适地由直线过渡到圆曲线或由圆曲线过渡到直线，铁路设计工程师们会在线路直线区段和曲线区段之间插入一种特殊的连接曲线——缓和曲线。

缓和曲线是平面线形的基本要素之一，它是设置在直线与圆曲线之间或半径相差较大的两个转向相同的圆曲线之间的一种曲率连续变化的曲线。对于高速铁路而言，由于旅客乘坐舒适度要求较高，因而对缓和曲线的设置要求也更加严格。

一般而言，设置缓和曲线的目的和作用主要有两点：

1. 缓和曲率

当列车从直线进入曲线或从曲线进入直线时，在车辆上产生的离心惯性力如果突然出现和消失，会对行车带来安全隐患并降低乘坐舒适性。因此设置曲率逐渐变化的缓和曲线，可以实现离心惯性力逐渐增大或减小，保证列车安全舒适地从直线进入曲线或从曲线进入直线。

2. 缓和超高

之前提到，曲线区段会抬高外轨轨面，通过设置外轨超高的形式来平衡离心惯性力，提高列车通过曲线的速度和舒适性。轨道线形在列车运行的纵向上要保持连续，因此从直线进入曲线或从曲线进入直线时，外轨超高也需要缓慢变大或变小，而该项工作就由直线和曲线之间设置的缓和曲线完成。

所以缓和曲线实际是一条空间线形的过渡曲线，主要目的是实现曲率和超高的逐渐过渡，以提高列车运行平稳性和舒适性。

我国曾选择了六种线形的缓和曲线：三次抛物线、三次抛物线余弦改善形、三次抛物线圆改善形、七次四项式、半波正弦形、一波正弦形，进行了理论研究与实测结果对比分析。从研究和实测结果看，只要缓和曲线长度达到一定要求，各种线形的缓和曲线均能保证高速行车安全和旅客乘坐舒适度的要求。考虑到三次抛物线线形简单、设计方便、平立面有效长度长、现场运用、已有养护维修经验丰富等特点，我国高速铁路仍以三次抛物线缓和曲线为首选线形。

第三节 高低起伏的高速铁路纵断面
——高速铁路纵断面设计

线路选线设计"因地制宜"的另一种表现是，在纵断面上（也就是垂直于水平面的那个平面）线路也不是笔直的，有些地方地势高，需要爬坡，有些地方地势低，需要下坡，而为了

保证线路圆顺，两个坡道之间又会设置竖曲线平滑过渡。

中国地形呈现明显的三级阶梯，西部海拔高，东部海拔低，因此东西走向的线路起终点之间的海拔落差往往较大。例如"四纵四横"的快速客运通道的"一横"——2016年12月全线开通运营的沪昆高铁，全长2 252公里，从海拔几乎为0的上海，一路爬升至海拔2 000多米的昆明，所以线路垂向上也走了2 000多米哦！

一般而言，铁路纵断面线形由坡段和竖曲线组成。

一、坡段

从列车运行平稳性要求出发，纵断面坡段长度应该尽可能地长；但从节省工程投资角度而言，较短的坡段无疑能更好地适应地形，且减少工程数量，降低工程投资。因此最小坡段长度的确定，既要满足列车运行的平稳性要求，又要尽可能地节约工程投资，使两者合理兼顾。

普通客货共线运行铁路最小坡段长度的确定主要考虑同一列车不能同时位于两个以上的变坡点上，满足不断钩的安全要求。由此确定了最小坡段长度不能小于半个列车长。但高速列车并不受这种限制。

从列车运行平稳性的角度考虑，最小坡段长度除需满足两竖曲线不重叠外，还需考虑量两竖曲线间有一定的夹坡段长度，以确保列车在前一个竖曲线上产生的振动在夹坡段长度范围内完全衰减消耗完，不与下一个竖曲线上产生的振动造成叠加。

二、坡度

对线路纵断面来说，坡道坡度大小是线路选线设计过程中很重要的一个参数指标，因为最大坡度对线路走向、长度、工程投资（主要涉及线路填挖量）、运营费用、牵引重量及输送能力等都有较大影响。

这里有个我国第一条电气化铁路诞生的故事可以说说。我国第一条电气化铁路是从陕西省宝鸡市至四川省成都市的宝成

铁路，这是连接我国西南和西北的一条干线铁路。宝成铁路于 1952 年开始动工修建，经过 6 年的开山凿洞、架桥铺路，1958 年 1 月 1 日建成通车，全长 669 公里。当时的报道称宝成铁路的建成彻底改变了"蜀道难"的局面，然而实际上这条耗时 6 年修建的铁路却是一条"先天不足"的线路。因为一路要穿过秦岭、大巴山、剑门山等 80% 的山地，线路坡度很陡，宝鸡段中宝鸡至秦岭山脊直线距离仅 25 公里，但高差达 810 多米。新中国成立初期，我国石油还相当匮乏，所以只能使用蒸汽机车牵引。宝鸡至秦岭段上坡的情景让人心惊肉跳，需要用 2 辆机车在前面拉和 1 辆机车在后面顶；下坡的时候，前面机车拉，后面机车拽，这种情景艰难又很艰险。也就是这条宝成铁路，将当时的铁道部逼到了墙角，促成了我国第一条电气化铁路的诞生。之后，又经过 15 年的艰苦奋战，于 1976 年宝成铁路实现了全线电气化。

【知识链接】电气化铁路

电气化铁路，是指能供电力火车运行的铁路，因这类铁路的沿线都需要配套相应的电气化设备为列车提供电力保障而得名。

电气化铁路是伴随着电力机车的出现而产生的，因为电力机车本身不自带能源，需要铁路沿途的供电系统源源不断地为其输送电能来驱动车辆。由于电力机车相比内燃机车而言有更强的运力优势，所以相同规模下电气化铁路的运输能力远超过非电气化铁路，成为现代化铁路的主流类型。

电气化铁路广泛运用于高速铁路和城市轨道交通的建设中，很多非电气化铁路亦相继实现电气化升级改造。不过电气化铁路的建造要求高、难度大，不适合一些特殊的地理环境，因此目前电气化铁路还不能完全取代非电气化铁路。

由此可见铁路线路设计中，坡度是个很重要的设计参数。

高速铁路采用大功率、轻型动车组,牵引和制动性能优良,因此坡道坡度可以适当设计得大些。研究表明,CRH3 动车组在定员荷载下,当动车组失去 25% 动力时,仍可以在 30‰ 的坡道上启动。

另一方面,铁路线路养护维修时需要一些具有特殊功能的大型养路机械,线路坡度设计的时候也得兼顾这些"庞然大物"有足够的爬坡动力。我国《铁路大型线路机械通用技术条件》中规定,线路最大坡度为 30‰。我国目前使用的铁路主要大型养路机械作业条件及技术性能要求的线路最大坡度为 33‰。因此结合大机作业条件要求,高速铁路线路最大坡度不应大于 20‰,动车组走行线最大坡度不宜大于 30‰。我国京沪高铁与国外主要高速铁路线路在最大坡度上的对比,如图 2.4 所示。

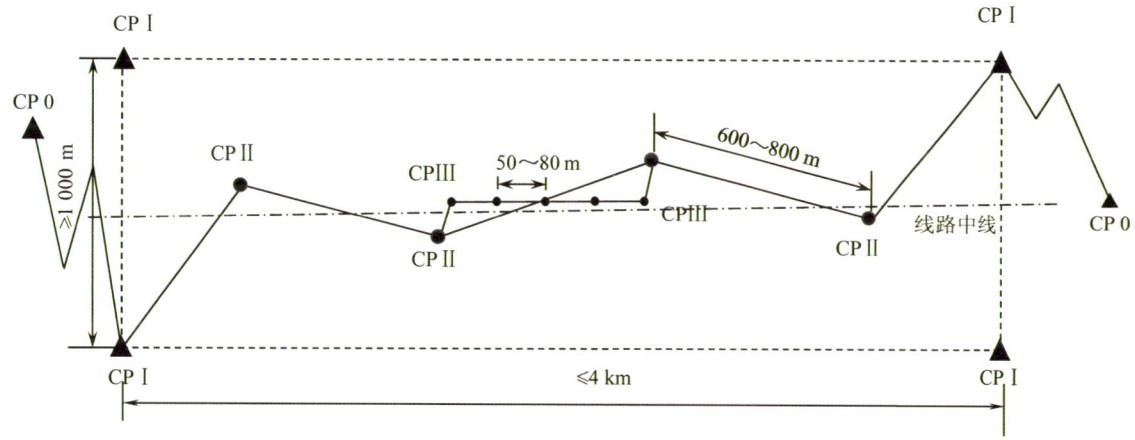

图 2.4 最大坡度对比图

三、竖曲线

为了保证高速列车从一个坡道驶入另一个坡道,安全、平稳地通过变坡点,当相邻坡段的坡度差大于等于 1‰ 时,需要设置竖曲线进行连接。竖曲线半径的选取和圆曲线相同,主要从舒适性、施工和养护维修难易程度几个方面综合考虑。从舒适性方面考虑,竖曲线半径不宜过小,最小竖曲线半径主要受

列车运行时产生的竖向离心加速度限制；从施工及养护维修难易程度方面考虑，竖曲线半径不宜过大。根据京津城际铁路的试验经验，最大竖曲线半径不应大于 30 000 米。

线路设计时，对竖曲线长度也有一定要求，一般而言最小竖曲线长度不小于一个车辆定距长度要求。这主要是从适当控制纵断面、设计使用较小的坡度代数差以及施工和养护维修两个方面考虑。CRH3 型动车组转向架中心距为 17 375 毫米、车体最大长度为 25.5 米；CRH2 型动车组转向架中心距为 17 500 毫米、车体最大长度为 25.7 米，因此我国《高速铁路设计规范》中规定竖曲线的最小长度为 20 米。

所以，我们乘坐的飞驰的高速列车下面是一条既有平面曲线又有竖曲线的曲曲折折又曼妙无比的空间曲线。但是一般情况下铁路线路设计师们并不会将两种曲线重叠设置，这主要是考虑竖曲线与平面圆曲线重叠设置时合成的空间线形比较复杂，会增加施工及运营维护的难度。

第三章

高速铁路轨道技术

第一节 "工"字形轮廓是铁路永恒的象征

第二节 一根钢轨连通北京上海的京沪高铁

第三节 高整体性、高稳定性、高平顺性的"三高"轨道结构

第四节 钢轨空间位置固定和调整的魔术师

第五节 向左?向右?高速列车的交叉路口

第六节 高速铁路沿线的"天罗地网"

第一节 "工"字形轮廓是铁路永恒的象征
　　　　　　——高速铁路钢轨

中国铁路路徽是中华人民共和国国家铁路的标识,我们经常会在火车站和机车车辆上见到,想必大家对它并不陌生。

图3.1　中华人民共和国国家铁路路徽

它整体看上去犹如一台迎面奔驰而来的蒸汽机车,图案寓意为机车车辆行驶在钢轨上。路徽图案由两部分组成:外围的蒸汽机车锅炉和烟管,象征铁路移动设备,即机车车辆;中下部为标准钢轨截面,象征铁路固定设备,即工务、电务、供电等基础设施。

【知识链接】铁路路徽与设计者

关于我国铁路路徽的来历,还有段小故事:

中华人民共和国成立前,1949年5月,当时的铁道部曾向社会各界广泛征集路徽式样,应征的人很多,共收到图案3 200多种。为了郑重选择,在1949年6月4日至7日,将全部应征作品加以编号后,在铁道部举行展览会,征求职工意见。铁道部还专门成立了路徽图案审查委员会,经过反复审查后,呈请当时的中央人民政府财务院和财经委员会批准,最终选出了现在我们所看到的路徽样式。而让现在的我们

难以想象的是，它的设计者陈玉昶同志得到的酬谢是 800 斤小米。

1949 年 10 月 1 日，中华人民共和国诞生，同一天，中央人民政府铁道部成立。1950 年 1 月 19 日，铁道部发出"制定中国人民铁道路徽图案式样分发全国各铁路一律制用"的铁道部令，并对路徽图案的含义专门做了说明，整图意义为人民铁道。

时隔半个多世纪，这个"机车车辆行驶在钢轨上"的路徽式样已家喻户晓。其巧妙的构思、精美的构图和深刻的意蕴，即使在今天，依然不失为一幅极具现代设计意识、不可多得的典范性作品，具有极高的艺术价值。

所谓"管中窥豹，可见一斑"，从我国铁路路徽图案上，便不难看出钢轨在整个铁路中不可取代的重要地位。

那么，钢轨究竟为何物，它长什么形状？是由钢铁铸造的吗？如何生产和运输？它在铁路上发挥的作用是什么？为什么它对于铁路系统那么重要？高速铁路钢轨又有什么特点？就让我们带着这些疑问，一起一探究竟吧！

一、钢轨的作用

轮轨系统是铁路系统的别名，其一语道破了铁路系统的核心关系——列车车轮和钢轨间的轮轨关系。不管轮轨铁路采用何种形式的轨道结构，钢轨永远是铁路的主要部件，也因此成为铁路永恒的象征。

钢轨在铁路中的作用，可以概括为三个词语：导向、承力和导电。

导向是指，作为列车车轮的运行界面，钢轨为车轮提供连续、平顺、光滑的滚动面，引导列车前进。

承力是指，由于直接与列车车轮滚动接触，钢轨要承受来自车轮的巨大动态作用力，如图 3.2 所示。尤其对高速铁路而言，动力学效应与列车运行速度的平方成正比关系，巨大的动

态作用力由高速铁路钢轨承受后，传递给下部结构。轮轨间的接触面积大概只有成年人的指甲盖大小，但是这么小的接触面积上承载的接触应力却是工程领域中最大的接触应力——重载铁路上最大能达到近 1～2 吉帕卡（GPa，1 GPa=1 000 MPa，这相当于用指甲盖大小的面积支撑起 15 吨的重物）。

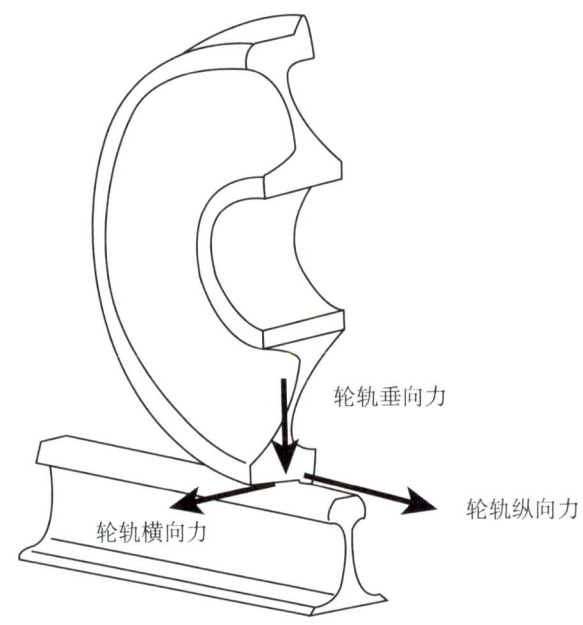

图 3.2　钢轨所承受的车轮作用力

导电是指，铁路列车经历了蒸汽机车（靠蒸汽驱动）、内燃机车（靠内燃机驱动）和电力机车（靠电力机车）三代发展历程，至电力机车时代钢轨又多了一个导电的任务，即作为轨道电路的一部分，与接触网、列车形成闭合回路。

二、钢轨的形状

钢轨截面形状是指我们将钢轨沿垂直于长度方向切开后看到的形状，别看这个形状并不复杂，但其实蕴含的学问可大了。钢轨截面形状的发展经历了一个相当长的变化过程，从一开始的 U 形、L 形到 T 形，最后才演变成了现在我们熟悉的"工"字形。

而之所以最后各国铁路都在"工"字形截面上达成共识,实际是基于钢轨受力性能最佳角度来考量的。我们可以把钢轨看成是连续弹性地基梁,或是连续点支承地基梁,在列车轮载作用下,钢轨主要承受垂向弯曲。由材料力学知识可知,"工"字形截面的构件具有较好的抗弯性能,因此最终选用"工"字形作为钢轨截面形式。

"工"字的上下两横分别称为轨头和轨底,中间一竖称为轨腰,如图3.3所示。远远看上去,钢轨犹如一个大头、细腰、宽臀的美女。

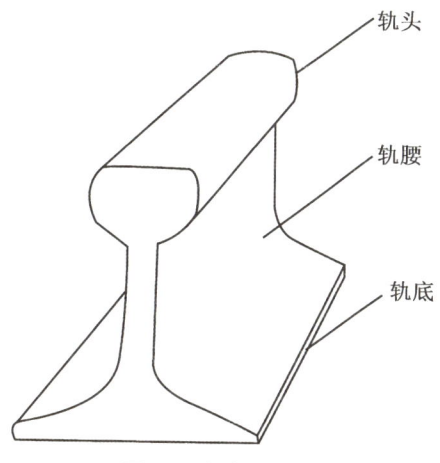

图 3.3 钢轨断面图

钢轨轨头与车轮踏面直接接触,因此从改善轮轨接触条件角度出发,钢轨轨头宜大而厚,并具有与车轮踏面相适应的轮廓形状和一定刚度以抵抗轮轨滚动引起的磨损。钢轨轨头在具有足够宽度的同时,为使车轮传来的压力更集中于钢轨中心轴,轨头顶面特别设计为隆起的圆弧形,这样能保证轮轨接触位置始终保持在轨顶面。不过,轨顶圆弧不能设计得太小,因为轮轨间过小的接触面积会造成过大的接触应力,这对钢轨伤损的影响是巨大的。实践表明,钢轨顶面被车轮长期滚压后,轨顶渐渐变为近似于200~300毫米半径的圆弧,因此我国高速铁路用的60千克/米钢轨,其轨顶面的曲线半径

为 300 毫米，顶面与工作边（车轮与钢轨接触的一侧为工作边）侧面通过两段半径分别为 80 毫米和 13 毫米的圆弧相切连接。

钢轨轨腰必须有足够的厚度和高度，具有较大的承载能力和抗弯能力。轨腰的轮廓形状为直线或曲线，以曲线最常用，以有利于传递车轮对钢轨的冲击动力作用和减少钢轨轧制后因冷却而产生的残余应力。我国高速铁路用的 60 千克/米钢轨，其轨腰圆弧半径为 400 毫米。

轨底直接支承在轨枕面或轨道板上，为保持钢轨稳定，轨底应有足够的宽度和厚度的同时，还应有必要的刚度和抗锈蚀能力（钢轨是轨道电路的一部分，杂散电流对轨底的电化学锈蚀是不容小视的问题）。

三、钢轨的重量

举重一直是我国一项强势体育运动，奥运会上的举重比赛也一直吸引着无数人的眼球，举重是一项按运动员体重分级的运动。与举重运动相似，钢轨也用它的"体重"进行分类和命名，钢轨的"体重"是指每米长度的质量，用单位千克/米表示。不同质量决定了钢轨能够"承受住"的列车轴重也是不同的，因此不同质量的钢轨其用途也必然有所差异。

新中国成立时，全国铁路的钢轨类型多达百余种，杂乱无章非常不便于管理和路网的连通。到 20 世纪 60 年代初期，冶金部对新制钢轨统一规定为 3 种类型：38 千克/米钢轨、43 千克/米钢轨和 50 千克/米钢轨。但随着铁路运量及速度的提高，这些轻量级选手显然已经不能承受住越来越重的运量和越来越高的速度，于是 1965 年我国研制了 60 千克/米钢轨。之后 20 世纪 80 年代后期，又研制了适用于重载铁路的 75 千克/米钢轨。60 千克/米钢轨是我国城市轨道交通和高速铁路广泛采用的钢轨形式。

四、钢轨的材质及性能

钢轨的材质是指组成钢轨的化学成分及其金相组织。使钢

轨具有高可靠性的前提是钢轨材质具有较高纯净度和合理的化学成分。钢轨生产时的内部杂质和缺陷是引起钢轨疲劳伤损的主要原因，因此提高钢轨材质的纯净度和改进钢轨生产工艺是减少钢轨疲劳伤损、提高钢轨可靠性、延长钢轨使用寿命的有效途径。

虽然长久以来一直被称呼为"铁路"，但实际上钢轨并不是"铁轨"，钢轨钢的主要元素是碳（C）和铁（Fe），并根据强度和硬度的需要增加其他化学元素，以提高其力学性能。同一种类型的钢轨中，不同炉号和生产批次的钢轨，其含有的化学元素也有一定差异，因此钢轨中的化学元素含量是一个范围值。

碳（C）是钢轨抗拉强度的主要来源，一般含量为0.65%左右。小伙伴碳元素的加入虽然增加了钢轨抗拉强度，但含碳量过大，会使钢轨过于刚硬，导致伸长率、断面收缩率和冲击韧性等指标下降，因此含碳量一般都控制在0.82%以内。

锰（Mn）是一个很好的小伙伴，一方面它的加入可以提高钢轨强度和韧性，另一方面它可以帮忙去除有害的氧化铁和硫类夹杂物。钢材中含锰量超过1.2%时，被称为高锰钢，其硬度、抗冲击性和耐磨性能都得到了较大程度的提高。

硅（Si）是大家庭中的清洁工，硅元素的加入可以与氧结合，把钢轨冶炼过程中的气泡都赶出去，以此增加钢的致密度。另外钢轨中含硅量较高也可以提高钢轨的耐磨性能。但如果硅原子左拥右抱氧原子，形成 SiO_2 后，则会变成钢轨内部的非金属杂质，是钢轨使用时疲劳伤损的一种隐患。

磷（P）和硫（S）是两位不受欢迎的小伙伴，如果钢轨材质中含磷量过多，会出现冷脆性，在严寒地区极易造成钢轨断裂。而含硫量过多，当钢轨温度达到800℃～1200℃时会出现热脆性，造成钢轨轧制或热加工过程中的断裂。因此对于这两个一冷一热的小伙伴，一般都要求含量小于0.04%，甚至接近或小于0.015%。

此外，世界各国也在生产合金轨，即在钢轨中加入钒（V）、铬（Cr）、钼（Mo）等，以提高钢轨材质的力学性能。

我国高速铁路建设始于20世纪90年代末，在铁路、冶金双方的共同努力下，历经十余年，制定了我国高速铁路用钢轨技术条件。技术标准规定，200公里/小时及以上高速客运铁路应选用U71MnG钢轨，200～250公里/小时高速客货混运铁路应选用U75VG钢轨。"U75VG"中"U"代表钢轨钢；"75"代表化学成分中碳平均含量为0.75%；"V"代表钒元素；"G"代表高速铁路。

五、钢轨的生产

在标准的引领及铁路快速发展的需求下，国内钢轨生产厂家先后投巨资完成了钢轨生产的现代化技术改造，改造后的钢轨的生产设备和工艺达到了国际先进水平，实现了钢轨生产的"精炼""精轧""精整""长尺化"和"在线检测"五大核心技术。即采用炉外精炼、真空脱气、大方坯连铸等先进技术进行冶炼，保证钢轨的纯净度；采用万能法轧制技术，保证钢轨的几何尺寸精度；采用热预弯、平立复合矫直、四面液压补矫等技术精整钢轨，使之具有高平直度；采用长尺化生产，钢轨定尺长度达到100米，保证钢轨端部的内部和外部质量，同时可以减少钢轨焊接接头；通过集中检测中心对钢轨的内部和表面质量进行检测，保证出厂钢轨质量。

先进的生产设备和先进的生产技术作保证，加上对高速铁路钢轨的质量实施有效的监督和控制，目前，我国高速铁路钢轨实物总体质量已达到世界先进水平。

第二节　一根钢轨连通北京上海的京沪高铁
——超长无缝线路

北京，简称"京"，中华人民共和国首都，是中国的政治、文化、国际交往和科技创新中心；上海，简称"沪"，是

中国的经济、交通、科技、工业、金融、贸易、会展和航运中心。

京沪高速铁路，连接中国政治中心和经济中心两个超大城市的高速铁路，由北京南站至上海虹桥站，连接京津冀和长江三角洲两大城市群，是中国"四纵四横"客运专线网中的"一纵"，也是中国《中长期铁路网规划》中投资规模大、技术水平高的一项工程，是中国第一条以"高速铁路"命名的铁路，线路设计速度为350公里/小时。

京沪高铁的开通运营，使得原本"哐当哐当"一路颠簸十多个小时进京或入沪的漫漫长途一下缩短至最快5小时以内。在时间成本越来越高、节奏越来越快的现代社会，不仅一日千里成为现实，同时也让"早晨从上海出发—中午在北京吃个饭—下午商谈业务—晚上回到上海"的生活状态成为可能。这连接北京、上海的京沪高铁已成为重要的人流、信息流、经济流通道，可是你知道吗？北京至上海真的是用一根长度为1 318公里的钢轨连接的呢！

一、超长无缝线路

"无缝线路"顾名思义是指没有缝隙的线路，既然有"无缝线路"，则对应也一定有"有缝线路"，对！传统铁路都是有缝的，我们坐在绿皮车上听到的"哐当哐当"声响就来自于车轮通过钢轨轨缝时撞击产生的。那为何过去钢轨之间要设置缝隙，而现在高速铁路上又取消了缝隙呢？钢轨是如何从"有缝"变成"无缝"的？无缝线路又有什么优点呢？

物体受热体积膨胀、受冷体积缩小是最基本的物理学常识，铁路钢轨也逃不出物理学基本定律的魔爪，在夏季高温的时候，钢轨受热（一般而言，受太阳直射影响，钢轨最高轨温比最高气温高20℃）后长度变长，在冬季低温的时候，钢轨受冷（钢轨最低轨温与最低气温相当）长度变短。另外一天之内，正午和夜间也有温度差异，尤其是内陆地区一天的温度差高达20℃以上，因此，即便在一天之内钢轨随气温变化也会

产生伸长缩短量。

正是从热胀冷缩的物理性质考虑，传统铁路在 25 米长钢轨之间设置 8 毫米左右的缝隙——我们称之为"轨缝"。轨缝的作用是为了防止钢轨在高温受热长度变长时，不至于两端相顶甚至向侧面鼓曲；而低温受冷长度变短时，也有两端自由端可以收缩，而不至于发生断轨。

但正如之前所说，轨缝是传统铁路运行噪声和影响乘坐舒适性的始作俑者，另一方面因为速度的提高，高速铁路对于轨道平顺性的要求更为严苛，线路上这种周期性"断裂"直接影响着铁路速度的提升。因此为提高铁路运行速度、提高轨道平顺性，无缝线路应运而生。

无缝线路是轨道结构技术进步的重要标志，它以无可争议的优越性成为当今世界高速铁路轨道结构的最佳选择。1926 年德国铺设了世界上第一条 120 米长的无缝线路试验轨道，之后，1935 年又铺设了一条 1 公里长的试验轨道。至 1961 年，原联邦德国铁路无缝线路总里程达到 29 000 公里，20 世纪 80 年代，更是迅速发展到了 73 900 公里，占线路总里程的 85%，并有 79% 的道岔焊接成了无缝道岔，德国当之无愧成为无缝线路发展最早和最快的国家。法国也是无缝线路发展较早的国家，在 1949 年前后，法国进行了大量的铺设试验，至 1970 年，无缝线路总里程达 12 900 公里，并以每年 660 公里的速度递增，至 20 世纪 80 年代，无缝线路铺设里程达 22 000 公里。此外，20 世纪 60 年代，日本在修建东海道新干线时采用的轨道技术即是 50 千克 / 米钢轨的无缝线路，后来将钢轨换铺成 60 千克 / 米。

我国自 1957 年起，在京门支线（北京）和真西支线（上海）铺设无缝线路以来，经过半个多世纪的不懈努力，无缝线路技术经历了区间无缝线路、跨区间无缝线路到全线超长无缝线路的发展模式，现如今我们看到的京沪高铁，就是全线由一根钢轨连接的超长无缝线路。

为了打造先进、平顺的无缝线路，中国的高铁工程师们在两个方面对普速铁路钢轨进行了改造升级。一是在钢轨生产的时候采用 100 米长定尺生产高速铁路钢轨，而过去我国普速铁路钢轨定尺长度分 12.5 米和 25.0 米两种，因此高速铁路钢轨生产时的定尺长度就比普速铁路长；二是采用先进的钢轨焊接工艺，通过焊接的方式将钢轨连通起来，形成一根跨越若干省市的超长钢轨。

二、长钢轨的焊接

按照钢轨焊接的场地，可分为基地焊（或工厂焊）和现场焊。

基地焊（或工厂焊）是指在专门设置的钢轨焊接基地进行的焊接作业，它的主要任务是将 100 米定尺长钢轨焊接成 500 米长度的长钢轨；现场焊是指铺轨后在线路上进行的焊接作业，它的主要任务是将基地焊接的 500 米长钢轨焊接成一根超长钢轨。因基地焊接的作业环境可控性好、焊接设备大型精度高，因此一般基地焊接比现场焊接的质量高。

【知识链接】 基地焊接工艺及精度

2007 年以后，我国新建了 12 个百米钢轨焊接基地，分别为沈阳局沈阳南、北京局沙河、呼和浩特局呼和浩特、郑州局小李庄、武汉局武昌南、济南局桑梓店、上海局芜湖北、南昌局向塘、广铁集团红海、成都局石板滩、兰州局河口南和包钢中铁。目前我国高速铁路用的焊接长钢轨全部由这 12 个焊轨基地供应。

焊轨基地对长钢轨的焊接有一套工艺先进的精密生产线，它由两部分组成，包括焊接线（或热加工线）和精整线（或冷加工线）。500 米长钢轨通过时效台上的横移作业将两条生产线联系起来，形成 U 形或 N 形工艺布局。U 形布局见图 3.4。

基于先进的工艺布局及精密控制，我国高速铁路钢轨基地

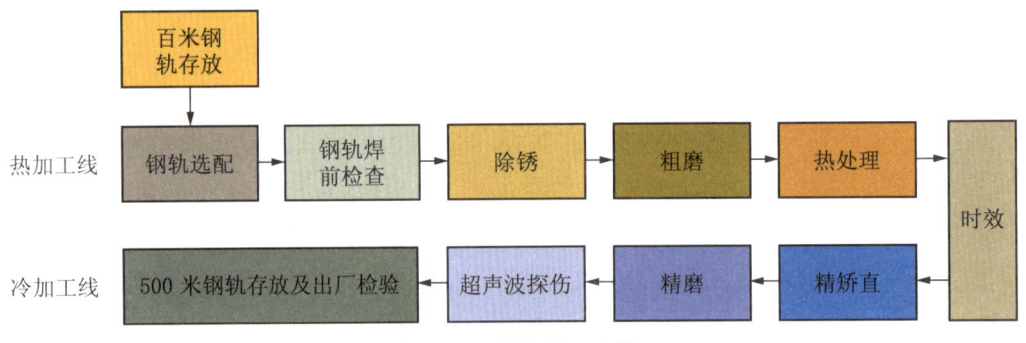

图 3.4　U 形布局工序图

焊接的精度为十分之一毫米级，这是目前全球钢轨焊接的最高精度。

钢轨焊接方法有两种：闪光焊接（又称接触焊）和铝热焊接（又称热剂焊）。

闪光焊接（又称接触焊）是指通过对钢轨施加电流，使两根钢轨轻微接触形成的若干接触点熔化，成为连接两端面的液体金属过梁。由于液体过梁中的电流密度极高，致使过梁中的液体金属蒸发、过梁爆破。在蒸气压力和电磁力的作用下，液态金属微粒从接口间喷射出，形成火花急流，如同闪光一样，这就是闪光焊的名字由来。

铝热焊接（又称热剂焊）是利用金属氧化物和金属铝之间的放热反应所产生的过热熔融金属来加热金属而实现结合的方法。

三、长钢轨的吊装与运输

长钢轨的高精度吊装与运输也是极其重要的步骤，那么如何才能将这些被精密焊接的 500 米长、30 吨重的长钢轨吊装，运输至野外的施工现场呢？

材料力学知识告诉我们，细长杆件的柔度很大。因此当表面坚硬的钢轨长度增加至 500 米时，其柔度也非常大，远远看去软得像一根面条。这就给钢轨的吊装带来了难题，因为如果

吊装设备不能精确同步，钢轨极易受到挤压与扭曲，而这种结构上产生的任何微小变化对钢轨质量的影响都是巨大的。为了解决这一难题，我国采用格雷母线精确定位技术，通过36台龙门吊同步吊运500米长钢轨，可实现±10毫米的横向移动和上下起升精度，这是目前世界钢轨吊运的最高精度，获得过国际专利。

四、长钢轨的铺设与锁定

500米长钢轨被专门的轨道运输车运载至施工现场后，通过现场焊接的方式将钢轨焊接成一根超长钢轨，形成无缝线路。但是京沪高铁全长1 318公里，这么长的钢轨在高温或低温时产生的伸长量和缩短量也是不容小觑的，这里不妨跟大家做个简单的计算。

钢轨伸缩量 Δl 与轨温变化幅度 Δt 之间的关系式为：

$$\Delta l = \alpha l \Delta t$$

其中 α 是钢轨的线膨胀系数，其数值为0.011 8 ℃·毫米/米，即长度为1米的钢轨在单位温差时产生的伸缩量为0.011 8毫米；l 为钢轨长度。因此以京沪高铁在轨温变化20 ℃的情况为例，则钢轨伸缩量为：$0.011\,8 \times 1\,318\,000 \times 20 = 311\,048$ 毫米 = 311.048 米！

这结果着实让人震惊，也就是说温度升高20 ℃，这根超长钢轨会变长310多米；而温度降低20 ℃时，这根超长钢轨会变短310多米。那么这伸长和缩短的310多米都去了哪儿呢？

答案是，无缝线路的钢轨之所以不会因热胀冷缩而伸长缩短，主要通过铁路的另一个关键部件——扣件把钢轨牢牢地锁定在下部结构上，从而将"未完成的变形量"转化为内部应力。因扣件对钢轨纵横向的强大约束，使得有温差时钢轨并不能有丝毫"舒展拳脚"的地方，由此产生的代价是钢轨内部的纵向应力（温升时为压应力、温降时为拉应力）是巨大的，对

钢轨和扣件都是巨大挑战。

出于尽可能降低钢轨在上述温差时产生的纵向应力考虑，长钢轨铺设落槽、扣件将它牢牢固定时有一个作业温度范围，我们称为锁定轨温，也称之为"零应力轨温"，即在该温度时钢轨并无伸长或缩短的趋势和想法、内部应力为零。锁定轨温的选取是无缝线路设计中一个重要参数，其数值一般根据当地最高轨温、最低轨温及无缝线路的允许温升、允许温降计算确定，并考虑一定的修正量。由于同时考虑了最高、最低轨温及无缝线路的允许温升、温降，因此夏季最高温及冬季最低温时钢轨内部的热胀冷缩力大致相当。

无缝线路的大范围铺设，为高速列车提供了一个连续、平顺的运行界面，这大幅提升了我们乘坐高铁出行的舒适度并大幅度减少了速度提高带来的动力学破坏，由此轨道及车辆部件的伤损大幅度减少、现场养护维修人员的工作量也相应减小，因此无缝线路的铺设具有显著的社会和经济效益。

第三节 高整体性、高稳定性、高平顺性的"三高"轨道结构

——高速铁路无砟轨道

一、高速铁路轨道结构

轨道由钢轨、扣件、轨枕、道床等部分组成，是列车运行的重要基础设施。铁路发展至今共有两种形式的轨道结构：有砟轨道和无砟轨道。所谓"砟"，即小石子，有砟轨道和无砟轨道的区别就在于有没有这些"小石子"。传统铁路都是有砟轨道。

不同粒径大小的小石子交错铺设成一张坚固同时又有一定弹性的床，我们称之为"道床"。在道床上部按照一定间距（一般600毫米左右）放置钢轨的混凝土枕头，我们称之为"轨枕"。钢轨通过扣件，被紧紧地固定在轨枕之上，这便是我

图3.5 "和谐号"动车组列车在轨道上飞驰　原瑞伦摄

们看到的有砟轨道的样子。

由于有砟轨道的道砟具有一定弹性,所以列车通过时有一定减振作用。但也正是由于道砟的存在,有砟轨道的整体稳定性较差,列车通过时产生的部分变形不能恢复,因此经常需要现场作业人员上线路去倒腾一下这些小石子,使钢轨恢复到原来的线形线位,养护维修工作量较大。同时高速情况下,小石子还会被运行中的高速列车吸起来飞溅到线路外侧去,我们称之为"飞砟"——试验证明列车高速运行时可卷起29毫米直径的道砟,具有很大的安全隐患。另外列车运行速度的不断提高,使得有砟轨道道砟粉化及道床累积变形(材质、降雨、排水不畅等因素造成)的速率随之加快,须通过轨道结构强化措施来满足高速铁路对线路高整体性、高稳定性、高平顺性的要求。

因此自20世纪60年代起,国外在研究强化有砟轨道的同时,相继研发了无砟轨道结构,随着无砟轨道技术不断完善和经济性的提高,其在高速铁路上的应用范围愈来愈广,逐渐取代有砟轨道登上历史舞台。日本、德国、韩国、中国台湾等后期修建的高速铁路中无砟轨道所占比例均在90%以上。目前,

无砟轨道是我国高速铁路的主要结构形式和发展趋势。

无砟轨道，即没有小石子的轨道结构，是采用混凝土沥青混合料等整体基础取代散粒碎石道床的轨道结构，因此结构整体性和稳定性大大提升，同时视觉上也因为整洁美观而更显"高大上"。我国高速铁路无砟轨道结构是一个较为庞大的大家庭，其成员如图 3.6 所示，但总体上可分为两大类，即预制板式无砟轨道和现浇混凝土式无砟轨道。其中预制板式无砟轨道分为 CRTS Ⅰ、CRTS Ⅱ、CRTS Ⅲ型和道岔区板式四种；现浇混凝土式无砟轨道分为 CRTS Ⅰ、CRTS Ⅱ型双块式和道岔区轨枕埋入式三种。

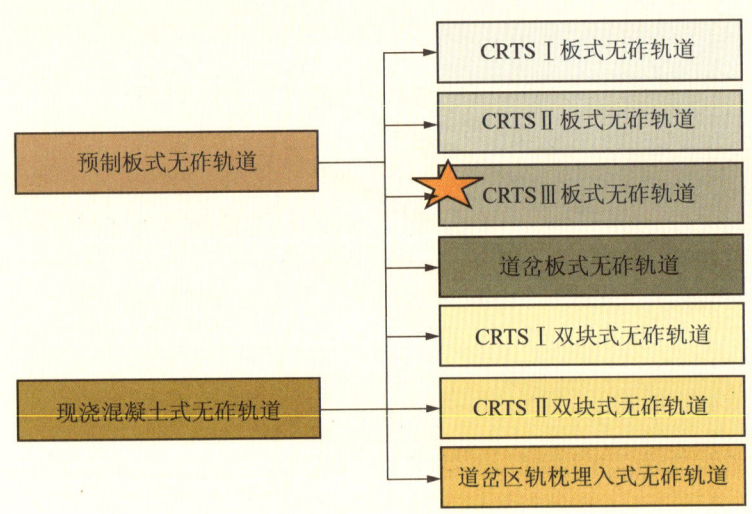

图 3.6　高速铁路无砟轨道大家庭成员

CRTS Ⅰ型板式无砟轨道技术源自日本新干线技术，是一种单元结构，采用凸形挡台进行纵向限位，可维修性较强，如图 3.7 所示。

CRTS Ⅱ型板式无砟轨道技术源自于德国马克斯·博格（Max Bögl）公司，因此 CRTS Ⅱ型轨道板又称"博格板"，如图 3.8 所示。该轨道系统的前身是铺设在德国"卡尔斯费尔德—达豪"试验段上的一种预制板式轨道，它吸收了轨枕埋入式无砟轨

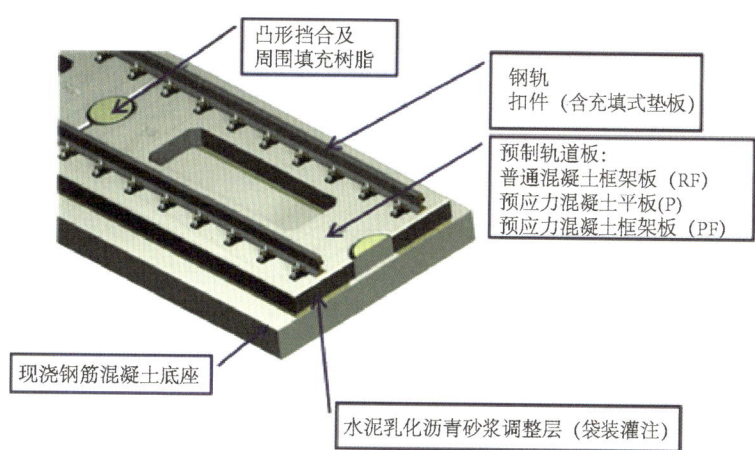

图 3.7 CRTS Ⅰ型板式无砟轨道结构

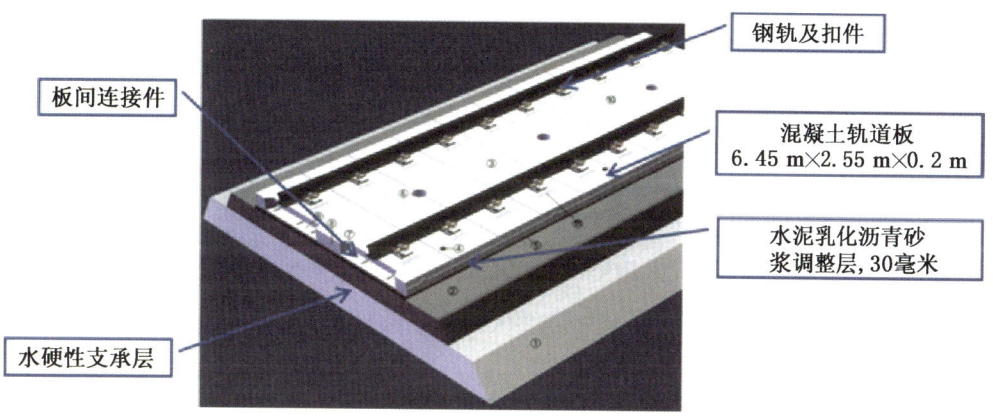

图 3.8 CRTS Ⅱ型板式无砟轨道结构

道整体性强和板式轨道制作和施工便利的特点,并在后续研发工作进行了优化改进。

二、自主知识产权的 CRTS Ⅲ 型无砟轨道结构

CRTS Ⅲ型板式无砟轨道是我国结合既有无砟轨道技术,提出的新型轨道体系,具有自主知识产权,对完善我国无砟轨道技术体系、提高我国无砟轨道技术核心竞争力、实施中国铁路"走出去"战略具有重大意义。

CRTS Ⅲ型板式无砟轨道结构由钢轨、扣件、预制轨道

板、配筋的自密实混凝土、限位挡台、中间隔离层（土工布）和钢筋混凝土底座等部分组成，如图3.9所示。CRTS Ⅲ型板式无砟轨道也是单元分块式结构；路基地段2～4块轨道板范围的底座设置一横向伸缩缝；桥梁地段对应每块轨道板设置独立混凝土底座；隧道地段一般2块轨道板范围设置一横向伸缩缝，遇隧道沉降对应设置伸缩缝。底座板在每块轨道板范围内设置两个限位挡台（凹槽结构），底座板与自密实混凝土层间设置中间隔离层。

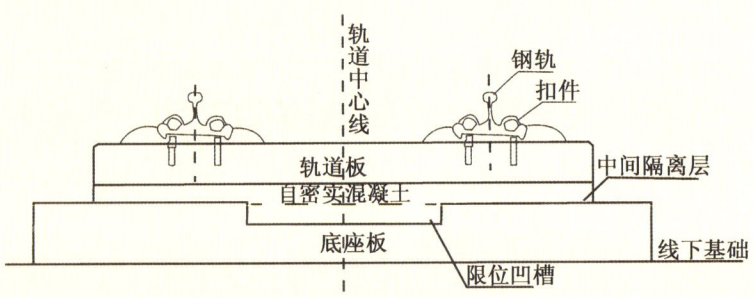

图3.9 CRTS Ⅲ型板式无砟轨道示意图

CRTS Ⅲ板式无砟轨道技术最早于2009年在成灌铁路（200公里/小时，约42公里）上应用铺设，在取得阶段性成果后又陆续在武汉城际铁路（200～300公里/小时、全长266公里）；盘营铁路（350公里/小时、全长89公里）；沈丹客运专线（250公里/小时、全长206公里）；成绵乐铁路（眉乐段）（250公里/小时、全长86公里）等线路上应用铺设。但第一次在350公里/小时的线路上全线应用是郑徐高速铁路。

三、无砟轨道板的生产

高速铁路无砟轨道板大多采用工厂集中预制的方式制造生产，轨道铺设施工的时候只需要将现成的轨道板运输至施工现场铺设即可，因此预制方式大大提高了无砟轨道的建造速度。另一方面，轨道板的制造生产也是一门精湛的工艺，一块貌不惊人的混凝土板，却在一定程度上，决定着高速列车能

否"飞"得更平稳、更安全，工厂化集中预制有利于制作更高精度、更精良的高铁轨道板。中国的高铁工程师们对国外技术消化吸收再创新，成就了像"绣花"一样精细的轨道板生产工艺——轨道板的工厂制造精度达到了十分之一毫米级——这是目前土木工程界的最高制造精度。

另外，为了实现轨道板的精准铺设，每一块轨道板在出厂前都会被独立编号，好似每个人出生后都会用身份证号码唯一标识一样。依据设计图纸，带有独立编号的轨道板被运输至指定位置进行铺设，开启它漫长的高速铁路服役生涯。

第四节　钢轨空间位置固定和调整的魔术师
——高速铁路扣件

一、高速铁路扣件图谱

前面几节中提到，将无缝线路钢轨牢牢束缚住，防止钢轨在温差下发生热胀冷缩变形的铁路主要部件是扣件。顾名思义，所谓"扣件"是一种以扣压方式将钢轨固定在轨枕或无砟道床上的连接件，别看它有点不起眼，但是它却是铁路中至关重要的关键部件之一。

比起高速铁路轨道结构类型来，高速铁路扣件类型更是多种多样，呈现出一种百花齐放的状态，如表3.1所示。其中，按轨道结构可分为无砟轨道扣件和有砟轨道扣件两大类，按承轨槽结构又可分为无挡肩扣件和有挡肩扣件两大类。

为了实现固定钢轨的基本功能，钢轨扣件并不是单一的连接零件，而是一个"五脏俱全"的小系统。扣件系统一般由弹条、螺栓、绝缘块、橡胶垫板等零部件组成，每个小零件都有自己的专职工作，例如提供扣压力、起绝缘作用、提供系统弹性等，大家各司其职又齐心协力。但不同类型的扣件组成又存在一定的差异，如图3.10～3.17是高速铁路的八种常见扣件类型及其组成。

表 3.1　高速铁路扣件图谱

轨道结构	扣件类型	承轨槽结构	已应用线路
无砟轨道	WJ-7（A）	无挡肩	东南沿海等
	WJ-7（B）		武广、广珠、广深港、哈大、沪宁等
	SFC（直列式）		合武等
	SFC（错列式）		石太等
	WJ-8（A）	有挡肩	太中银等
	WJ-8（B）		武广、郑西等
	WJ-8（C）		京石、津秦、沪杭等
	300-1a		京津、京沪等
	300-1u		武广、郑西等
有砟轨道	弹条Ⅳ型	无挡肩	合宁、甬台温、温福、福厦等
	FC 型		合武、石太等
	弹条Ⅴ型	有挡肩	合宁、甬台温、温福、福厦等

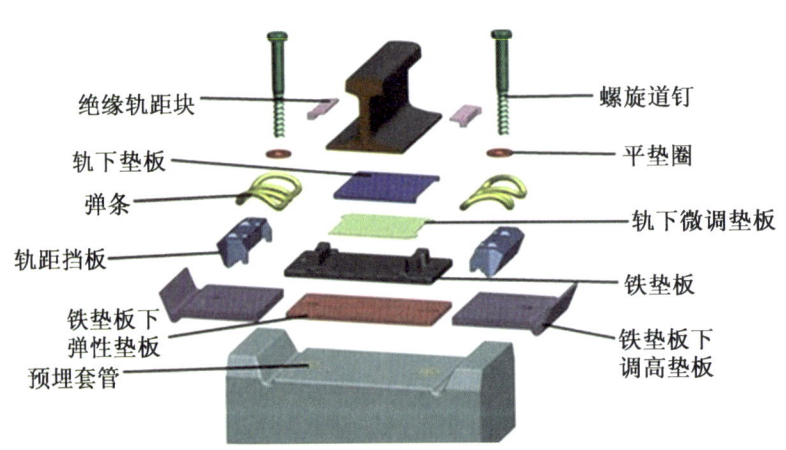

图 3.10　WJ-7 型扣件部件组成

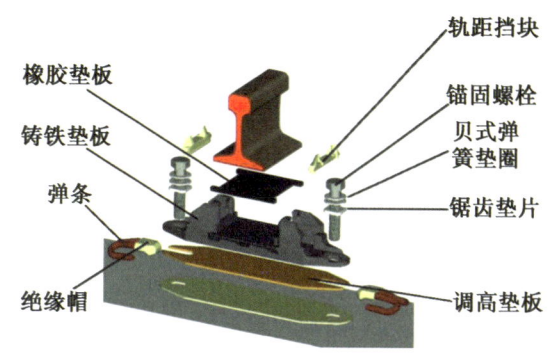

图 3.11　SFC 型（直列式）扣件部件组成

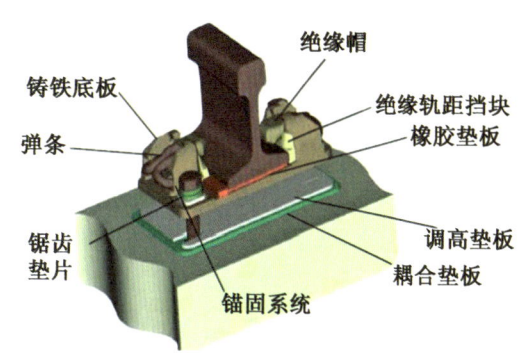

图 3.12　SFC 型（错列式）扣件部件组成

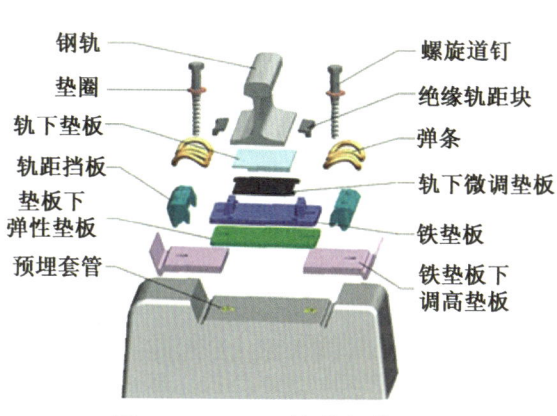

图 3.13　WJ-8 型扣件部件组成

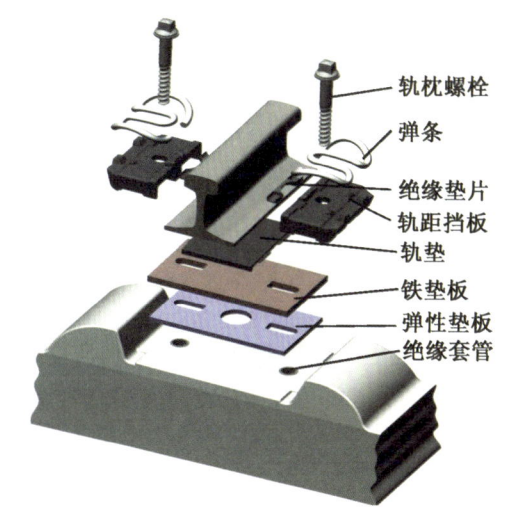

图 3.14　300-1 型扣件部件组成

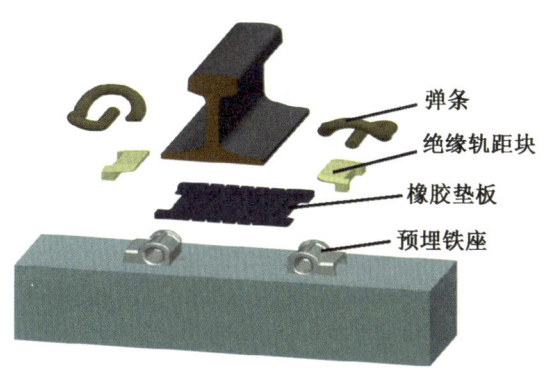

图 3.15　弹条Ⅳ型部件组成

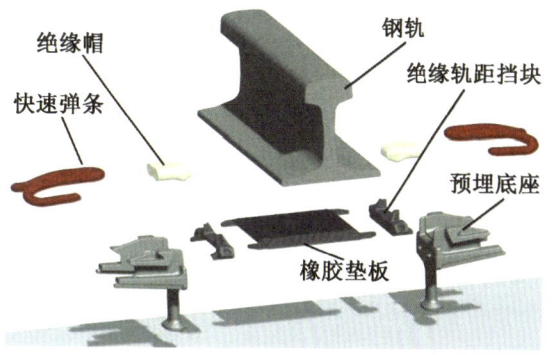

图 3.16　FC 型扣件部件组成

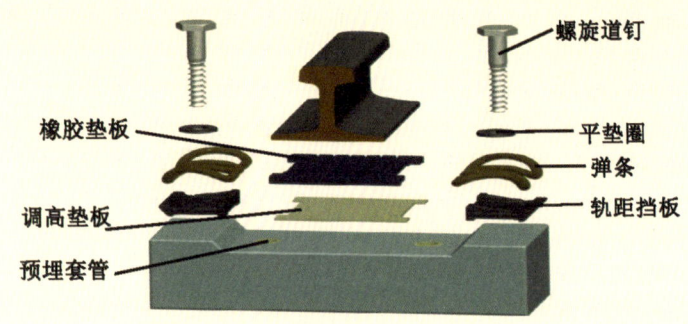

图 3.17　弹条 V 型扣件部件组成

二、高速铁路扣件的作用

由于铁路列车的左右车轮是以过盈配合的形式连接起来的，我们称之为轮对，轮对间的刚性连接一方面增强了车辆的整体稳定性，但也使得提供轮对运行界面的两股钢轨间必须保持相对固定的空间位置，包括两股钢轨之间的距离——轨距保持在标准轨距 1 435 毫米左右，两股钢轨的左右高低保持在同一平面上（曲线地段除外）等。

尽管一路都有扣件系统的"保驾护航"，但高速列车通过时的高频振动和动力学破坏却使两股钢轨不可能保持相对固定的空间位置。高速铁路系统是个极其精密的工程系统，因为车轮完全由钢轨提供运行界面并实现运行导向，所以钢轨空间位置的毫米级变动轻则引起乘坐舒适度的降低，如车厢的左右晃动——我们称之为晃车，重则可能有列车车轮脱轨的安全隐患。

为此，在高速动车组夜间回动车段睡觉之时，有一群默默无闻的黑夜工作者昼伏夜出，去高速铁路线路上通过精密测量设备检测钢轨空间位置，当发现位置偏差时就及时调整。而最常规、最常用的调整方式是通过调整扣件实现的。因此小小的扣件，是高速铁路养护维修的主要部件，除了固定钢轨、约束其纵横向位移的作用，还有小幅度调整钢轨空间位置、恢复线路平直度和平顺性的作用。以 WJ-7 型扣件为例，它可以实现的钢轨左右位置的调整量为 ±6 毫米、高低调整量为 −4～26 毫米。

另外，对无砟轨道而言，由于用混凝土整体道床取代传统

散粒道砟道床，这使得原本由"道砟＋扣件"提供的轨道弹性基本上全都由扣件提供，因此无砟轨道扣件系统的另一主要功能是提供系统弹性。这也使得无砟轨道对扣件的弹性精度要求更高，而扣件系统中提供弹性的主要零件为橡胶垫板，在高速铁路的日常养护作业中，当橡胶垫板的静刚度超过设计值50%时就会被及时更换。

第五节 向左？向右？高速列车的交叉路口
——高速道岔

一、道岔的作用与组成

与公路上跑的小汽车不同，铁路上通行的列车是没有方向盘的，列车的运行导向全由轨道设备提供，因此在一些"交叉路口"例如列车进站前是选择进站停车还是从正线常速通过，就需要设置线路的另一关键设备——道岔。

道岔是列车从一条线路转向另一条线路的轨道连接设备，也是线路上最复杂的设备，列车过岔速度直接影响列车的通过速度，因此过去道岔与钢轨接头、曲线并列为铁路线路三大薄弱环节，是影响速度提升的瓶颈和病害多发的重点养护区段。我国在六次铁路大提速中，逐渐改善了上述三大环节，例如取消钢轨接头，焊接成超长无缝线路；改用超大半径的曲线线形；当然也在道岔环节做了很多改进与创新。

可以将复杂的道岔分解成三个部分：尖轨和转辙器部分、连接部分、辙叉和护轨部分，如图3.18所示。

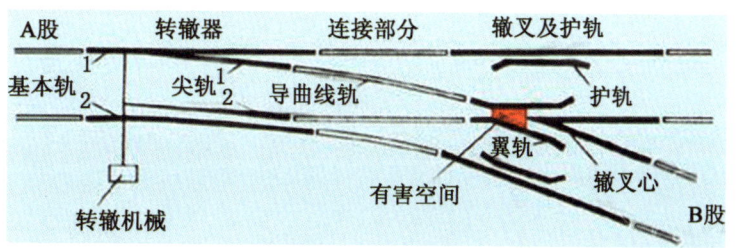

图3.18 道岔组成

其中尖轨和转辙器部分由曲尖轨与直基本轨组件、直尖轨与曲基本轨组件、密贴检查器、外锁闭及安装装置、转辙机等关键部件组成，如图 3.19 所示。

图 3.19　道岔尖轨和转辙器部分组成

辙叉部分由短心轨、长心轨、可动心轨辙叉组件、翼轨、尖轨、间隔铁等关键部件组成，如图 3.20 所示。

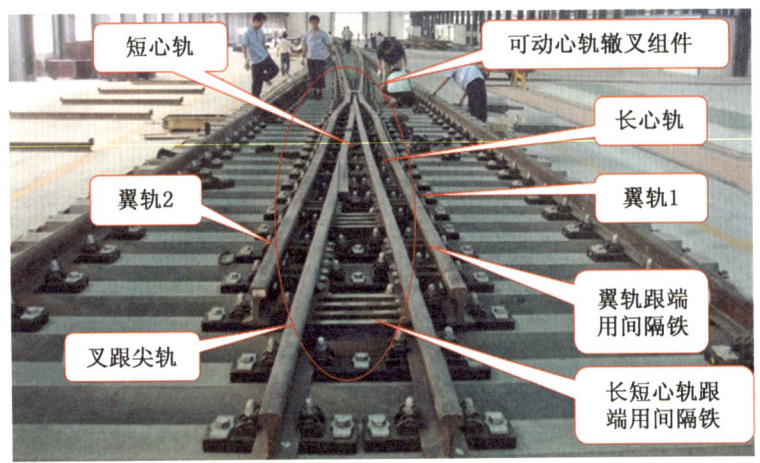

图 3.20　道岔辙叉部分组成

二、高速道岔的类型

高速道岔是指高速铁路、客运专线或城际铁路正线铺设的道岔。

我国的高速道岔研究采取自主创新与技术引进相结合的方式进行，按技术类型可分为我国自主研发的高速道岔系列（客运专线系列）、中德合资生产的高速道岔系列（CN 高速道岔系列）、引进法国技术的高速道岔系列（CZ 高速道岔系列）。由于历史原因，目前我国形成了三个系列的高速道岔并存的局面。

客运专线系列是我国自主研发的高速道岔，按号码分为 18#、42#、62#，后为满足城际铁路建设的需要，又研发了 12# 道岔。按轨下基础类型可以分为有砟道岔和无砟道岔两种，其中无砟道岔采用混凝土岔枕或道岔板。62# 道岔属于试验道岔，只在哈大高速铁路长春西站铺设了两组无砟道岔，尚未有其他应用，如图 3.21 所示。

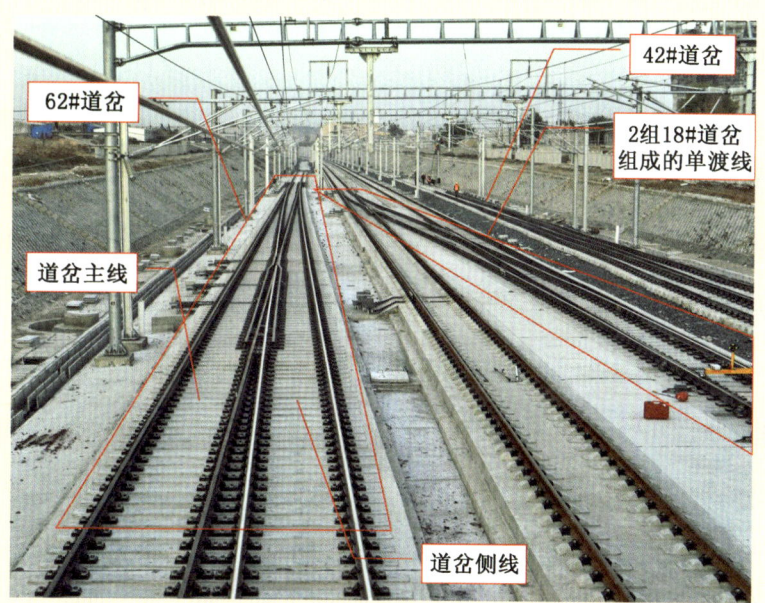

图 3.21 自主研发的 62# 高速道岔，哈大高铁长春西站铺设

CN 系列的高速道岔按号码分为 18#、39.113#、42#、50#，其中 39.113# 只在京津城际客运专线铺设了两组。按轨下基础分为有砟道岔和无砟道岔，无砟道岔采用混凝土岔枕或道岔板，其中 50# 道岔主要用于武广客运专线。

CZ系列的高速道岔按号码分为18#、41#，按轨下基础分为有砟道岔和无砟道岔。CZ系列高速道岔主要用于合宁客运专线、合武高速铁路、郑西客运专线。

三、高速道岔的特点及创新

从技术上而言，高速道岔的种类较为单一，以单开道岔为主，这一是因为高速铁路线路基本都是"独门独户"，即一条线路只通行一个方向的一种列车，因此主要在车站设置道岔，并不存在过去铁路避让、越行等需要设置道岔的情况；二是高速铁路要求线路高平顺性和高稳定性，道岔号码数越大，尺寸越大、过渡越平顺，所以高速铁路采用大号码道岔，一般都在18#以上；三是高速道岔的辙叉普遍采用可动心轨辙叉，这样进一步提高了列车车轮通过辙叉部分的平顺性；四是高速道岔电务转换采用外锁闭装置；五是对于严寒地区，进入冬季后线路积雪会影响道岔正常工作，为保证高速铁路过岔安全，高速道岔有专门的监测系统及融雪装置；六是高速道岔具有极高的制造、组装、铺设精度，因此需要专业化施工队伍和专用设备进行制造、组装和铺设。无砟道岔铺设包括混凝土道床的施工，需要精密测量技术的支持。

高速道岔是以精密机械的高标准加工制造的，目前我国主要执行的标准——《客运专线道岔制造验收暂行技术条件》（工管技〔2008〕7号），高于欧洲EN（European norm）标准，是最高的高速道岔制造标准。由于高速道岔技术标准高、结构复杂，大号码道岔还涉及长大轨件的加工，因此需要专门的加工工艺和加工设备，如30米以上的数控铣床等，以充分保证高速道岔的加工质量。此外，和轨道板的工厂预制保证制造精度一样，为保证高速道岔的精度，也是在场内进行逐组组装，包括岔枕及电务转换设备。

设计高速铁路道岔主要目的是提高线路平顺性，中国的高铁工程师们在高速道岔的轨道刚度、尖轨降低值、轨距加宽方面进行了理论创新和实践。钢轨刚度取值及均匀化、尖轨相对

于基本轨降低值、轨距加宽技术，是我国高速道岔的3大核心技术。

通过技术攻关与理论创新，目前在高速道岔方面，我国已建立并采用了较完善的高速道岔设计理论体系、建立了成熟的高速道岔实车动力学试验的理论、方法和评价体系，并形成了高速铁路道岔标准体系。

第六节　高速铁路沿线的"天罗地网"
——高速铁路轨道精密控制网与测量技术

一、高速铁路精密测量体系

高速列车在轨道上安全、平稳地飞驰，主要依赖高平顺性的高速轨道，为此，高速铁路轨道是以毫米级精度控制线路平顺性的，而这种高精度的平顺性控制主要依仗高速铁路沿线看不见的"天罗地网"——高速铁路精密测量体系。

德国睿铁公司（Rail One）执行副总裁巴哈曼先生在总结高速铁路无砟轨道铁路建设经验时曾说：要成功地建设高速铁路，就必须有一套完整、高效且非常精确的测量系统。这句话充分说明了精密测量体系在高速铁路无砟轨道工程建设中的重要作用。

高速铁路采用逐级控制的原则，建立各级平面和高程控制网。平面控制网分五级布设，第一级为框架控制网（CP0），第二级为基础控制网（CPⅠ），第三级为线路控制网（CPⅡ），第四级为轨道控制网（CPⅢ），第五级为轨道基准网（GRN）。各级网络是逐级控制的关系，即CP0控制CPⅠ，CPⅠ控制CPⅡ，CPⅡ控制CPⅢ，CPⅢ控制GRN。高程控制网分两级布设，第一级为线路水准基点控制网，为高速铁路工程勘测设计、施工提供高程基准；第二级为轨道控制网（CPⅢ），为高速铁路轨道施工、维护提供高程基准。

此外，高速铁路工程测量的平面、高程控制网，按施测阶

段、施测目的及功能可分为勘测控制网、施工控制网、运营维护控制网。为了保证勘测、施工、运营维护各阶段平面和高程测量成果的一致性，采用三网合一的原则，统一勘测控制网、施工控制网和维护控制网的坐标和高程基准。

框架控制网（CP0）沿线路每 50 公里布置一个，是全球定位系统（global positioning system，GPS）三维控制网，作为高速铁路三网合一的平面坐标基准。CP0 网最弱边的相对中误差 ≤ 1/2 000 000，采用精密星历进行基线的解算。

【知识链接】什么是精密星历

星历是指在 GPS 测量中，天体运行随时间而变的精确位置或轨迹表，它是时间的函数。具体应用中有"广播星历"与后处理"精密星历"之分。

星历能精确计算、预测、描绘、跟踪卫星、飞行体的时间、位置、速度等运行状态；能表达天体、卫星、航天器、导弹、太空垃圾等飞行体的精确参数；能将飞行体置于三维的空间；用时间立体描绘天体的过去、现在和将来。

精密星历，又称事后处理星历。为改善和提高地面定位精度，许多国家和研究机构都在研制 GPS 使用的精密星历。在全球范围或局部区域范围内布设跟踪站，这些跟踪站选择在地心坐标精确的已知点上，称为基准站。它们大多数备有精密的原子钟（如氢钟）和水蒸汽辐射计。

基础平面控制网（CPⅠ）是在基础框架平面控制网（CP0）或国家高等级平面控制网的基础上，沿线路走向布设，按 GPS 静态相对定位原理建立，是线路平面控制网和轨道控制网 CPⅢ 起闭的基准。CPⅠ 网点布设间距 4 公里，为 GPS 二等二维网，基线边方向中误差 ≤ 1.3″，最弱边相对中误差 ≤ 1/180 000。

线路平面控制网（CPⅡ）在基础平面控制网（CPⅠ）上

沿线路附近布设，为勘测、施工阶段的线路平面测量和轨道控制网CPⅢ测量提供平面起闭基准。CPⅡ网点布设间距400～800米，是GPS三等二维网，基线边方向中误差≤1.7″，最弱边相对中误差≤1/100 000。

轨道控制网（CPⅢ）是沿线路布设的三维控制网，平面起闭于基础平面控制网（CPⅠ）或线路平面控制网（CPⅡ），高程起闭于线路水准基点。一般在线下工程施工完成后施测，为高速铁路铺设和运营维护提供基准。CPⅢ网是智能型全站仪自由测站边角交会的三维控制网，其点间距为纵向60米左右一对控制点，点对的横向间距为10～20米，CPⅢ的精度要求很高，要求相邻点位的相对点位中误差≤1毫米。

高速铁路工程测量三级平面控制网示意图如图3.22所示。

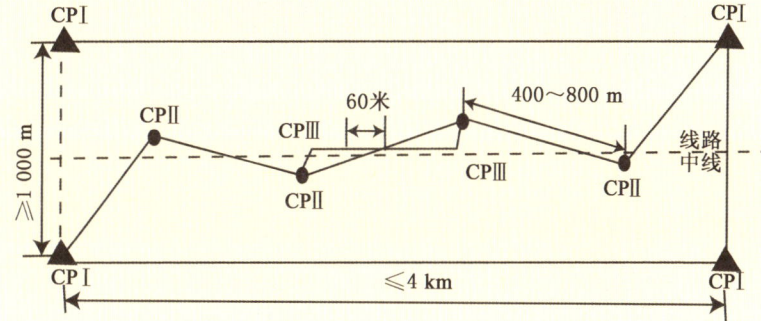

图3.22　高速铁路工程测量平面控制网示意图

二、绝对测量与相对测量并驾齐驱的测量技术

轨道外部几何参数是指轨道在三维空间中的位置和标高，其理论值是轨道线形的设计值，根据轨道与周围相邻建筑物的空间位置来确定，因此对轨道外部几何参数的测量也称之为绝对测量。

轨道内部几何参数是指轨道在三维空间中的相对位置和标高，根据轨道上相邻点的空间位置来确定，因此对轨道内部几何参数的测量称之为相对测量。实际上高速铁路的高平顺性是一个相对概念，即它要求的是轨道上相邻点之间的位置正

确，相比较之下轨道上各点的位置与其设计理论位置间的偏差——绝对线形就次要一些。

传统的铁路测量采用绝对测量为主的测量方式，检测效率低下。依据绝对测量得到的轨道空间位置参数设计轨道线形调整方案，具体调整作业中借助于道尺等简单工具对轨道内部几何参数进行调整。这种测量和轨道维修模式的后遗症是，轨道线路在小范围内会发生"扭曲走样"，我们称之为短波不平顺，不利于高速列车的完全、平稳、舒适运行。因此绝对测量无法精确测量和控制轨道短波不平顺。

相对测量就是以轨道上的某一点作为基准点来测量另一些点，这种测量模式的优点是观测环节较少、测量速度较快，还能以较高的测量精度获取轨道上其他点的参数。但相对测量无法对轨道整体线形进行总体把控，容易导致轨道实际中心沿设计中心呈无规律偏离状态。

基于取长补短、各取所需的角度考虑，高速铁路精密测量采用绝对测量与相对测量相结合的测量模式，即以绝对测量为主、相对测量检校补缺的模式。

三、形形色色的高速铁路轨道检测小车

为实现高速铁路轨道位置的高精度控制，高速铁路测量采用当今世界上最先进的测量仪器。主要包括电子水准仪、智能型全站仪和轨检仪等，同时测量过程完全自动化和无纸化、数据处理过程完全程序化。

如图 3.23 所示，为电子水准仪中视法高程测量示意图。

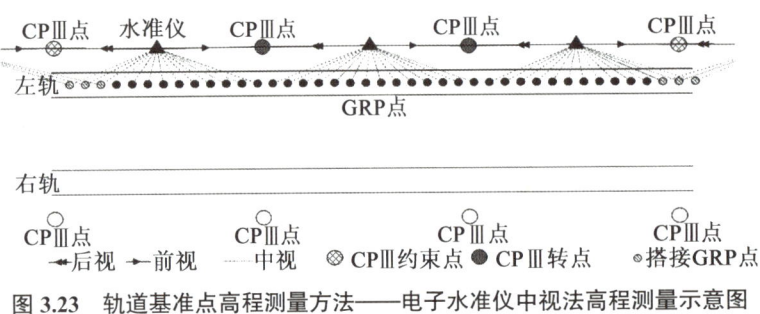

图 3.23 轨道基准点高程测量方法——电子水准仪中视法高程测量示意图

高速铁路精密测量技术作为高速铁路建设成套技术的一个重要组成部分,在高速铁路勘察设计、工程施工和运营维护中的重要性日益凸显。

第四章

高速铁路路基技术

第一节 古老的结构，崭新的技术

第二节 路基设计新理念

第三节 "零"沉降控制的施工技术

第一节　古老的结构，崭新的技术
——高速铁路路基

路基是经开挖或填筑而形成的土工构筑物，与桥涵、隧道等连接成贯通坚实的基础。在人类还没能力架设桥梁、开挖隧道前，就已经开始修筑路基了，因为它可以就地取材，最省力也最经济，因此路基是线路结构最古老的形式。

自 20 世纪 60 年代世界上第一条高速铁路在日本建成以来，高速铁路的出现对传统铁路在设计、施工和养护维修方面都提出了新的挑战。路基这种古老的结构，在新理念、新材料、新技术和新工艺的应用下，焕发出新的活力与光彩。

相比于普通铁路路基，高速铁路路基主要表现出以下三个特点：

1. 高速铁路路基的多层结构系统

高速铁路路基结构适用于有砟轨道和无砟轨道。对于有砟轨道，形成了轨道、道床、基床、基床以下路堤路堑的多层结构形式；对于无砟轨道，形成了轨道、轨道板、砂浆层、支承层、基床、基床以下路堤路堑的多层结构形式。

2. 控制变形是路基设计的关键

高速铁路采用各种不同的路基结构形式，其首要目的是给高速线路提供一个高平顺和高稳定的轨下基础。由散体材料组成的路基是轨下基础中较为薄弱和不稳定的环节，是轨道变形的主要来源。因此，高速铁路严格控制基床材料级配、填料质量、压实密度等关键性指标。

3. 车辆—轨道—路基耦合系统研究

高速铁路轮轨关系涉及接触网、车辆、轨道、道床、路基各个部分的相互作用，其中路基是系统中的重要组成部分。为提出高标准的强化线路结构和高质量的养护维修技术，需要对高速铁路车辆—轨道—路基耦合系统进行研究。

一、工后沉降控制技术

高速铁路对轨道的平顺性提出了更高的要求，路基是铁路线路工程中的重要组成部分，是承受轨道结构重量和列车动荷载的基础，它也是线路工程中最薄弱最不稳定的环节。路基的变形和不稳定，会直接导致轨面的不平顺，在高速状态下将产生巨大的动力破坏和安全隐患。因此，高速铁路路基除应具备一般铁路路基的基本性能之外，还需要满足高速铁路轨道对基础提出的性能要求——不仅要求静态平顺，而且还要求动态条件下的平顺。

与一般铁路路基以强度控制进行设计不同，高速铁路路基工程设计的主要控制因素是变形，因为高速列车轴重轻但速度快，在路基强度破坏前，可能已经出现了严重影响安全的过大变形。为此沉降控制技术，尤其是工后沉降控制技术是高速铁路路基的关键技术之一。

工后沉降，即高速铁路无砟轨道在施工完成后发生的沉降变形，主要根据扣除施工误差、运营期间轨道预留调整量后，留给路基沉降的允许调高量确定。

我国有砟轨道高速铁路工后沉降标准根据设计速度分为 250 公里/小时和 300 公里/小时、350 公里/小时两个序列，并对工后沉降速率加以控制。因为沉降速率过快，即在短时间内沉降过大，会造成维修困难而危及行车安全，另一方面，维修量加大也会影响线路的正常运营和通过能力，因此需要控制有砟轨道工后沉降速率。

对无砟轨道而言，线路纵向的不均匀沉降更令线路工程师们头疼，因此无砟轨道对不均匀沉降的控制要求更严。对于高低调整量为 $-4 \sim 26$ 毫米的扣件，扣除 $-4 \sim 6$ 毫米的施工误差和运营期预留的 5 毫米余量，实际留给运营期间路基工后沉降的允许值仅为 15 毫米。也就是说，路基在施工完成后的沉降变形量不大于 15 毫米时才能保证设计的轨面高程，如果沉降量超过这个数值，钢轨轨面就会偏离设计高程。

除此之外，我国《高速铁路设计规范》中规定高速铁路轨道与桥隧涵洞等结构物连接处的工后沉降要控制在 5 毫米以内，不均匀沉降造成的折角要控制在 1/1 000 以内。这种工后沉降的严苛程度，是之前传统铁路以及一般土木工程建筑难以企及的。

路堤建成后发生的变形，即工后沉降主要有路堤基床在列车荷载作用下的变形、路堤本体在自重作用下的压密变形、支撑路基的地基压密沉降三部分组成，前两者主要通过路堤填料压实密度控制。

软土和松软土地基不仅沉降量大，且延续时间长，为此在无砟轨道设计中，设置了沉降标、沉降板、剖面沉降管、单点沉降计等路基沉降变形观测系统，对地基、路基面沉降变形进行监测。采用经验和数值回归分析方法，评估预测路基工后沉降变形，以确定合理的铺轨时间和需要采取的加速沉降措施，同时为运营后路基沉降变形状态的监测和评估提供基础，指导运营管理。

除此之外，对于特殊性质的地基，如软土地基、膨胀土地基、湿陷性黄土地基等，在施工过程中会进行一种或多种地基加固特殊处理，以提高路基密实度、减少沉降。

二、基床动态变形控制技术

路基基床承受轨道结构传递来的列车动荷载作用，会产生动态变形。与列车轮轴的位置相对应，基床动变形会在路基面上呈现移动的曲面形状，即车轮压的正下方产生动态变形，车轮驶过后部分动态变形又恢复，所以在线路纵向上呈现的是一个移动的曲面形状，基床动变形包括基床的弹性变形和塑性变形两部分。基床弹性变形是指在列车动荷载作用下产生并且当动荷载消失时能完全恢复的变形，基床的弹性变形由路基综合刚度决定，因此与路基本体结构、基床表层厚度、基床底层刚度有关。对应的基床塑性变形是指在列车动荷载作用下产生并且当动荷载消失时也不能完全恢复的变形，它主要与基床结

构、基床材料性质、含水率、压实密度等密切相关。

基床动变形过大，会影响轨道结构的合理受力；另一方面长期重复荷载作用下产生的累积变形，会影响高速铁路线路平顺性，进而加剧轮轨相互作用和轨道结构受力。因此，高速铁路对基床动变形控制非常严格，要求有砟轨道基床动变形控制在1毫米以内；无砟轨道基床动变形控制在0.2毫米以内。

控制基床动变形的关键是合理的结构设计和严格的施工控制，铁路工程师们通过强化基床表层结构和严格控制填料选用及施工压实标准的办法来实现。强化基床表层结构，即合理设计基床厚度。铁路路基设计时，一般将列车产生的动应力与路基和轨道结构自重应力的比值和基床以下路基强度作为确定基床厚度的主要依据。高速铁路路基以动静应力比达到1/5作为确定基床厚度的主要原则，具体深度达约3.0米。基床表层厚度由路基面的动变形和基床底层的动应变进行控制。此外，高速铁路路基对填料的选用也特别严格，基床表层均采用级配碎石或级配砂砾石填充；基床底层采用A、B组填料或化学改良土，基床以下路堤采用A、B组填料和C组碎石、砾石填料或改良土。施工时严格控制填土压实系数、地基系数、动态变形模量、无侧限抗压强度等。

三、长期稳定性控制技术

路基不仅承受轨道结构和附属设施的静荷载，还要承受列车动荷载的长期反复作用，抵抗气温、雨雪、洪涝、地震等各种不良自然环境的影响。我国《高速铁路设计规范》中规定，高速铁路路基的设计使用年限为100年。因此，如何通过合理的设计、施工及运营维护，使路基在上述这些不利因素的长期作用下保持稳定，即长时间内强度不会降低、弹性不会改变、变形不会加大，是一项"百年大计"。

由于路基基床直接承受轨道和列车荷载，控制弹性变形和基床动应力，防止道砟和基床土相互渗入，保护下部结构免遭雨水的侵入和寒冷的侵蚀，因此基床是路基最重要的部位。为

使基床具有较高的强度、刚度和良好的排水、防渗和防冻性，高速铁路路基基床表层填料一般采用开山块石、天然卵石或砂砾石破碎筛选而成，且对级配要求较高。而基床底层的作用主要是分散路基本体应力，降低路基变形，因此填料主要为A、B组填料或化学改良土；寒冷地区采用防冻、防渗双层结构，并进一步提高化学改良土抗压强度。基床以下路堤采用A、B组填料和C组碎石、砾石填料或改良土。

此外，在良好的路基结构条件下，还需要配套有完善、可靠的防排水设施及防护工程，以使路基对于冲刷、渗水、冻害具有一定的防护能力，并有利于水土保持和环境保护。

第二节　路基设计新理念
　　——高速铁路路基设计

路基是否坚固和稳定是列车运行安全的一个重要的关键依托。事实上，由于地质因素、自然因素、列车荷载的影响，铁路路基会出现下沉、老化等病害现象，影响了铁路行车的安全，还会严重干扰正常的运输。我们需要通过对高速铁路路基进行合理设计，来避免这些现象的发生。

一、路基加固处理

随着列车运行速度的不断提升，空气动力性能与过去相比已经发生了较大的改变，对结构和轨道、路基等基础设施设计提出了更高的要求。同时，由于行车速度的提高，列车对路基产生的动应力增加，特别是原有的路基病害处，动应力加大致使病害加重，病害加重又使轨道状态恶化，形成恶性循环，影响行车安全。另外，我们对列车乘坐的舒适度也有了更高的要求，包括列车平稳性指标和车体振动加速度指标。这就要求路基具有更好的均匀性，并保持良好状态，对路基的强度、刚度和稳定性提出了更高的要求。

为满足高速铁路路基稳定性的需要，根据具体条件一般会

对软土地基做以下加固处理：

换填法：换填法即当软土层厚度不是很大时，将路基底面下处理范围内的软弱土层部分或全部挖去，再分层换填强度较大的砂（包括碎石、素土、灰土等）或其他强度较高、性能稳定、无侵蚀性的材料，并用人工或机械方法压实至要求的密实度的方法。

排水固结法：排水固结法是在路基施工前，对天然路基或已设置竖向排水体的路基上加载预压，使土体固结沉降基本完成或大部分完成，地基土体强度提高后，再开始施工的方法。

强夯法：强夯法是让几十吨的重锤从几十米的高处自由落下，对土进行强力夯击，使其达到密实的方法。它的作用机理是，在极短的时间内对地基土体施加一个巨大的冲击能量，突然释放的巨大能量使土体发生一系列物理变化，如土体结构破坏或液化、排水固结密实、触变恢复等，强夯法不仅能提高地基的强度，降低其压缩性，而且还能改善土体抵抗液化的能力和消除黄土的湿陷性。

振冲法：振冲法是利用振动和水冲加固土地的方法，应用松砂加水振动后变密的原理，再通过振冲器成孔，然后填入砂或石、石灰、灰土等材料，再予以捣实形成桩与周围挤密后的松砂所组成的复合地基，来承受上部结构的荷载。

水泥搅拌桩法：水泥搅拌桩法是利用水泥（或石灰）等材料作为固化剂，通过特制的搅拌机械，在地基深处就地将软土和固化剂（浆液或粉体）强制搅拌，由固化剂和软土间产生的一系列物理和化学反应，使软土硬结成具有整体性、水稳定性和一定强度的水泥加固土，从而提高地基强度和增大变形模量。根据施工方法的不同，水泥搅拌桩法又分为水泥浆搅拌法和粉体喷射搅拌法两种。

水泥粉煤碎石桩法：水泥粉煤碎石桩（cement fly ash gravel pile）又被称为 CFG 桩，是由碎石、石屑、粉煤灰掺加适量水泥加水拌和，用振动沉管打桩机或其他成桩机具制成的

一种具有一定黏结强度的桩。

二、过渡段设计

路基、桥梁、隧道是公路、铁路常见的结构物形式，这是我们先辈"遇山开山、遇水架桥"的智慧体现。路基、桥梁、隧道相互连通，共同构成一条平滑的线路供车辆行驶，但由于这些结构物在强度、刚度、变形、材料等方面的差异，会使车辆通过交界处时产生各种"不适"。江浙地区流传着一句俗语"车到桥头跳三跳"，这种桥头跳车现象背后的机理其实是由于浙江地区地处软土路基，路基和桥梁结构刚度的不同，引起路基沉降大、桥梁沉降小的差异沉降，即在桥两端形成台阶，车轮驶过台阶时会产生跳动。

为防止上述"桥头跳车"类似现象的发生，铁路设计师和工程师们在不同下部结构物交界处设置过渡段。所谓过渡段，即下部结构物的强度、刚度、变形特性缓慢过渡的特殊区段，它的主要作用是在不同下部结构物间提供一种过渡形式，使高速列车能安全、平稳、快速地在路基、桥梁、隧道间飞驰。设置原理为在较软一侧增大路基竖向刚度，并将交界处的错落沉降转变为连续式的斜坡沉降，严格控制过渡段的轨面弯折变形。刚度不均匀控制技术是高速铁路路基设计关键技术之一。

设计过渡段长度的时候主要考虑竖向刚度和沉降变形两个因素，一般不小于20米。过渡段的形式比较多样化，主要有路桥、路涵、路隧、桥隧及堤堑等形式。

1. 路桥过渡段

路桥过渡段设置于路堤与桥台的连接处，由于路堤即土体结构偏软，桥台结构即混凝土结构偏硬。为使这种软硬平缓过渡，铁路工程师们采用沿线路纵向倒梯形过渡形式，即沿着线路方向采用倒梯形的混凝土过渡段，过渡段的长度一般为路堤高度的2～5倍且不小于20米，采用级配碎石掺水泥为其填料。

过渡段桥台基坑用混凝土回填或以碎石、灰土分层填筑，

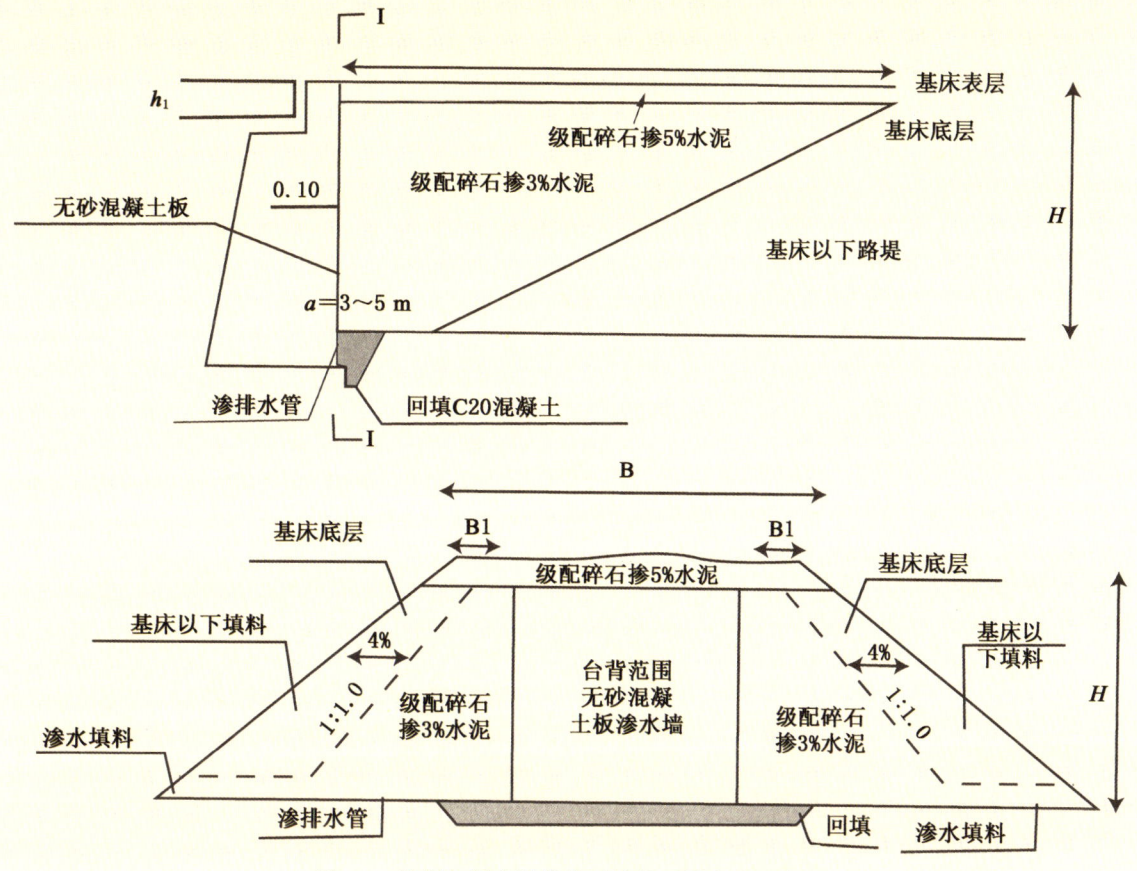

图 4.1 路堤与桥台连接处过渡段设置方式示意图

并用小型机具通过碾压进一步密实。施工时,过渡段与其连接的路基同时施工,并按大致相同的高度分层填筑。

2. 路涵过渡段

路涵过渡段设置于路堤与涵洞的连接处,与路桥过渡段一样采用沿线纵向倒梯形过渡形式。对于寒冷地区过渡段的设置,应考虑与涵洞接触区冻结影响范围填料的冻胀特性。

3. 路隧过渡段

土质、软质岩及强风化硬质岩路堑与隧道连接处,应在路堑基床范围内设置过渡段,采取渐变厚度的混凝土或掺入5%水泥的级配碎石填筑,过渡段长度一般不小于20米。

4. 堤堑过渡段

当路堤与路堑连接处为硬质岩石路堑时，在路堑一侧顺原地面纵向开挖台阶，台阶高度 0.6 米左右，宽度不小于 1 米。过渡段设置在路堤一侧，如图 4.2a 所示。路堤与岩石路堑连接处过渡段采用掺 3% 水泥稳定级配碎石填筑，过渡段范围内的基床表层级配碎石掺 5% 水泥。

当路堤与路堑连接处为软质岩石或土质路堑时，则顺原地面纵向挖成 1:2 的坡面，并在坡面上开挖台阶，台阶高度 0.6 米左右，如图 4.2b 所示。

三、路基防排水

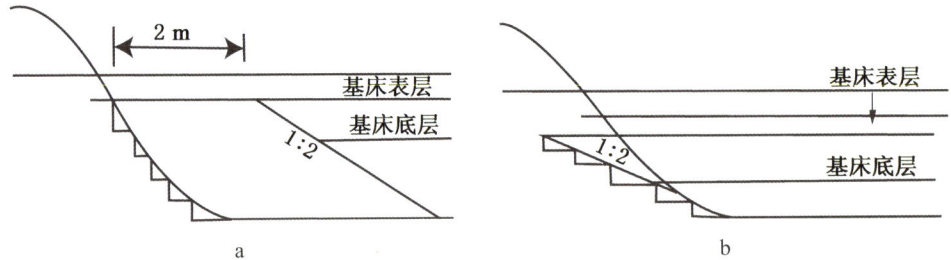

图 4.2　路堤与路堑连接处过渡段设置方式示意图

排水不畅是引起路基病害的重要原因之一。由于排水系统不健全，雨水淤积，路基长时间浸水，强度急剧下降，从而导致铁路路基在行车作用下发生裂缝、鼓包、翻浆冒泥、下沉、挤出变形等病害，严重影响铁路路基的安全运营。

高速铁路无砟轨道与普速有砟轨道相比，对路基排水设计要求更为严格。

高速铁路无砟轨道路基排水体系的构建与完善是保证路基工程动力特性和承载特性的长期稳定性的前提之一，在高速铁路路基设计中把排水作为设计重点之一。

1. 地表排水

高速铁路路基排水沟、侧沟及天沟的设计要满足过水能力以及材料耐久性两方面的要求。排水为满足过水能力的需要，

应根据流量计算，选择合理的沟形、截面尺寸及排水坡率。一般情况截面面积相同的条件下，梯形沟的过水能力大于矩形沟，但矩形沟用地比梯形沟节约。因此沟的截面形式的选择应综合考虑过水能力及用地两方面的因素。为满足耐久性的需要，应根据侵蚀性等级，合理地选择合适的混凝土强度等级，以满足耐久性需要。

2. 地下排水

地下排水的目的是拦截、排出地下水，降低路基范围内的地下水位，防止地下水侵入路基基床，影响基床承载力及稳定性。根据地下水的分布特征可设置明沟、盲沟、边坡支撑渗沟、渗水盲沟、深（浅）层排水斜孔等排水设施。特别对顺层路堑、地下水发育路堑和膨胀土（岩）路堑应加强引排水措施的设计。

地下水发育的路堑地段一般需要设置纵向盲沟。盲沟高为 0.8～1.2 米、宽为 1.0～1.2 米，采用土工布包裹碎石，底部设混凝土基础。纵向盲沟每隔 30 米或在平面、坡度变化较大处设置一个检查井。

支撑渗沟一般设置于膨胀土路堑边坡，以防止膨胀土遇水膨胀破坏边坡加固防护工程，引起边坡局部失稳、溜坍等病害。支撑渗沟设置间距一般为 10～15 米，当渗沟加固与截水骨架护坡同时采用时，渗沟设在主骨架处。渗沟宽 1.5 米，排水层最小厚度 1.0 米。边坡渗沟的排水层采用筛选洗净的碎石、砾石，若路基边坡较陡时采用片石充填；排水层与渗水的沟壁之间需设置反滤层，反滤层采用砂砾石和卵砾石，各层厚 0.15 米。渗沟顶部覆以单层干砌片石，厚 0.3 米，表面用水泥砂浆勾缝。渗沟底部采用混凝土封闭，厚 0.3 米，外部包裹一层不透水土工布。

当路堑边坡地下水发育较深或构造破碎带、储水层等集中发育地下水时，通过设置深（浅）层排水斜孔引出、排出地下水，增强边坡、不良地质体的稳定性。

千里之堤溃于蚁穴，高速铁路的路基设计中，排水系统的合理布置是影响铁路质量的重要因素之一。为保证路基工程动力特性和承载特性的长期稳定，必须构建完善的高速铁路无砟轨道铁路路基工程防排水体系。排水系统应保持完整性、通畅性，并与其他排水系统做好衔接，设计中尤其需注意基础、防渗及末端设计。在满足铁路排水系统设置需要的情况下，应保证自然水系的畅通。

1. 基础设计

排水系统径路区域应保证长期稳定，其基底处理应进行专门设计，并设置找平层及垫层，基础底部的松软土或特殊土应采取换填等措施处理。

2. 防渗设计

路基排水设施均采取防冲刷、防渗的加固措施，一般采用混凝土及其他加固措施进行加固。当采用预制拼装结构时，接缝处水泥砂浆的强度等级应不低于 M15。

3. 末端设计

排水设备应与桥涵、隧道、车站等排水设备衔接配合，有足够的过水能力。设计路基排水设施时，要与水土保持及农田水利的综合利用相结合；城市地区还应与地方排灌、排污系统密切结合。天沟不应向路堑侧沟排水，受地形控制需排入侧沟时，必须设置急流槽。

高速铁路路基防排水系统施工是一个综合性工程，贯穿于高速铁路施工的全过程，任何一个环节施工不当，都将造成防排水系统失效。因此，施工单位必须严格按施工图纸、建设规范的要求，因地制宜地做好每一处防排水设施施工，并做好纵向排水设施与横向排水设施、路基表面排水设施与路基内部排水设施、路基排水体系与路外水系的衔接，确保路基防排水工程的施工质量，保证高速铁路路基的稳定和高速行车的安全，同时达到与周围环境协调、美化高速铁路的效果。

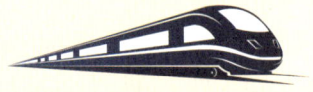

第三节 "零"沉降控制的施工技术
——高速铁路路基建设施工技术

中国领土辽阔广大,陆地总面积约960万平方公里,仅次于俄罗斯、加拿大,居世界第3位,东西跨越经度60多度,最东端的乌苏里江畔和最西端的帕米尔高原相差5个时区。如此辽阔的大地上,地层发育齐全,沉积类型多样,地质构造复杂,是全球具有重要地质特点的地区之一。

高速铁路路基比普通铁路要求更高、标准更严格,施工技术、质量保证等问题也更加突出,尤其是在特殊岩土条件下的路基施工,成为高速铁路建设中不可忽视的关键问题。

特殊岩土是指在特定的地理环境或人为条件下形成的具有特殊的物理力学性质和工程特征,以及特殊的物质组成、结构构造的岩土。如果在此类岩土上修建建筑物,在常规勘察设计的方法下不能满足工程要求。因此为了从安全和经济角度出发,在岩土工程勘察中须采取特殊的研究和处理方式,否则会给工程带来不良后果。特殊性岩土的种类很多,其分布一般具有明显的地域性。常见的特殊性岩土有软土、湿陷性土、膨胀土和冻土等,见表4.1。

这些特殊岩土各具特点,施工时会带来许多困难。如何采取有效措施,防止病害的产生,确保铁路路基的完好稳固,成为高速铁路工程建设中的重点。一旦由于土体自身性质造成线

表4.1 特殊岩土的特点

特殊岩土	特 点
软 土	高含水量、大孔隙、低密度、低强度、高压缩性、低透水性、中等灵敏度
湿陷性黄土	多孔性、湿陷性、收缩膨胀性、抗水性差等
膨胀土	超固结性、裂隙性、膨胀性、强度衰减性等
冻 土	流变性

路病害，不仅会严重危及铁路行车安全，而且也会造成巨大的经济损失。

在软土上修建路基，就好像要在"豆腐"上施工，而湿陷性黄土会像"海绵"一样吸水膨胀。在"豆腐"和"海绵"上行车，而且是高速铁路，听起来似乎是不可能的，但我国软土、黄土和其他不良地质均有分布，高速铁路却能在这些地区顺利通车并快速稳定运行，这背后的秘密是什么？答案是沉降控制技术。

沉降是高速铁路路基的关键控制因素，松软、易收缩、易膨胀的土体变形难以控制，我们如何才能够让柔软的"豆腐"和"海绵"不塌陷呢？针对这些特殊的地质条件，高速铁路工程师们又想出了哪些奇思妙想的绝招，才让这些看起来不堪一击的地基土，成为高速铁路行车的有力保障呢？

一、软土路基

软土在我国分布很广，主要是在沿海地带及平原低地、沼泽地区。软土的天然含水量大、压缩性高、承载力和抗剪强度很低，一般呈软塑—流塑状态。

软土地基由于地基土层强度低、压缩性大、渗透系数小、排水固结缓慢、沉降稳定时间长等特性，在其上修筑路基时，地基的沉降问题突出，过大的沉降量影响轨道的稳定和平顺，且持续时间较长。因此，在这种地基上路基建成后，要将其沉降量和沉降速率控制在允许范围内，才能不影响列车高速、安全地运行。

为此，高速铁路工程师们通常采取以下几种措施：

① 路基面两侧各加宽0.1米；路堤两侧设1.0米高、1.0～2.0米宽的护道，护道以下边坡为1:1.75，护道及护道边坡采用干砌片石护坡进行防护。

② 对浅层软土或松软土，一般采用片石挤淤加固，当地表有薄层硬壳时，挖除硬壳进行片石挤淤。对具有弃土条件和渗水土有来源的地段，挖除换填渗水土；当片石料缺乏时，采

用深层搅拌桩复合地基加固，最小桩长不小于4米或嵌入硬底不小于1.0米。

③ 对于软土或松软土埋藏较深、厚度较大的地基，一般采用水泥搅拌桩、旋喷桩、混凝土预制管桩、水泥粉煤灰碎石桩（cement flyash gravel，CFG）桩网等进行处理，桩顶铺设碎石垫层并铺设一层强度不小于40千牛／米土工格栅。加固深度原则上穿透软土层。

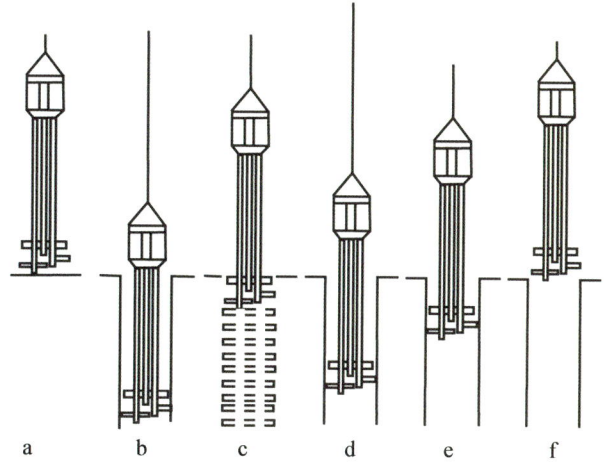

a—定位下沉；b—沉入到设计标高；c—喷浆搅拌提升；d—原位重复搅拌下沉；e—重复搅拌提升；f—搅拌完毕形成固体

图4.3 水泥搅拌桩施工工艺流程

图4.4 武广高速铁路CFG桩处理

④ 过渡段地基根据地质条件和沉降计算情况，地基处理措施适当加强。

⑤ 每个工点设置观测断面，埋设观测仪标，对地基水平位移和垂直位移进行监测，根据监测结果，进行动态设计，指导施工。

二、湿陷性黄土路基

湿陷性土是指那些非饱和和结构不稳定的土，在一定的压力作用下受水浸湿后，其结构迅速破坏，并产生显著的附加下沉。湿陷性土在我国北方分布广泛，除常见的湿陷性黄土外，在我国的干旱半干旱地区，特别是在山前洪、坡积扇中常遇到湿陷性碎石土、湿陷性砂土等。

干燥时很"硬"，遇水就会变"软"，土结构迅速破坏，局部显著下沉，这便是"湿陷"二字的由来。

黄土路基在运营过程中，每逢雨季就会出现各种病害，尤其是突降暴雨时，或遇到连续几天甚至十几天的阴雨天气。如果原路基设计技术标准低，边坡防护措施薄弱，路基长期受到地表水浸泡或地下水作用，加之维护不及时、管理不到位、排

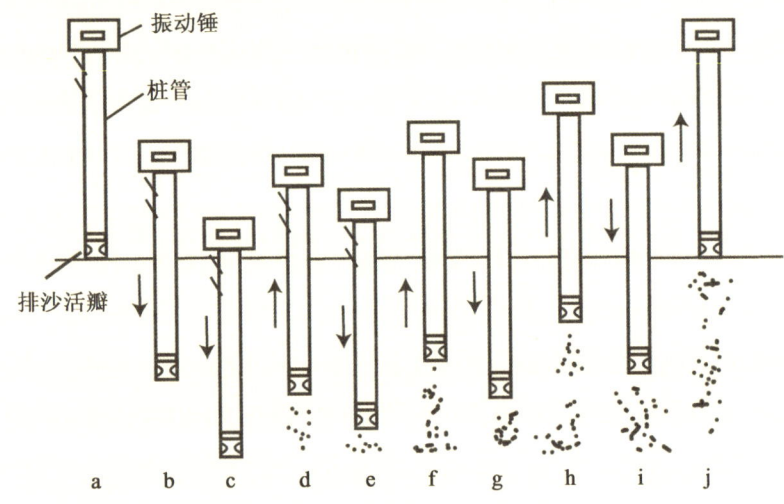

a—桩管就位；b—振动沉管；c—沉到规定深度；d—提升套管；e—复打；f—排砂；g—复打；h—排砂；i—复打；j—成桩

图 4.5　挤密桩施工工艺流程

水渠道不畅、排水设施被堵塞等问题，就会出现各种路基病害，甚至引发重大事故。

在湿陷性黄土上修建高速铁路路基的关键是要压缩土体之间的间隙和有效的防水，挤密桩可以挤压土体结构，减少土体空隙，消除湿陷，基底封闭可以杜绝水的渗入。

三、膨胀土路基

膨胀土是一种吸水膨胀、失水收缩开裂的特种黏性土。其矿物成分以强亲水性矿物蒙脱石和伊利石为主。在自然条件下，多呈硬塑或坚硬状态，裂隙较发育，常见光滑和擦痕，裂缝随气候变化张开和闭合，并具有反复胀缩的特性。

膨胀土一直是困扰公路、铁路建设的重大工程问题。膨胀土遇水膨胀、失水收缩的变形特性及其边坡浸水强度衰减特性使得铁路路堤及路堑经常发生滑坡、坍塌、坍滑、溜坍，桥涵基础隆起、桥台开裂及锥坡和挡墙开裂外移等严重的病害，破坏作用极大。

目前国内对于膨胀土路基，一般采用换填法、化学改良等措施，但两种方法均存在严重不足之处。换填法借弃方量大、造价高，造成生态环境破坏严重；化学改良法则具有施工困难、造价高、工期长等缺陷。采用膨胀土包边填筑法可以降低工程造价，减少环境破坏。

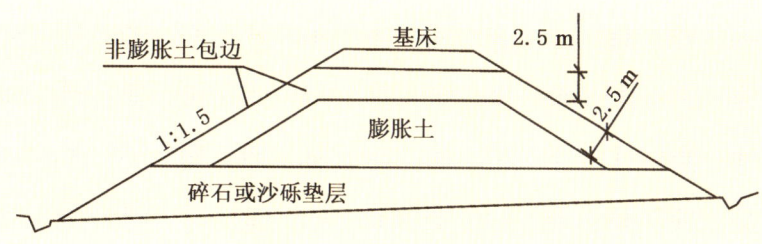

图 4.6　膨胀土包边填筑法

膨胀土包边填筑法施工技术关键点在于以下三点：

① 膨胀土封闭：选择具有一定强度且隔水性好的非膨胀性黏土包边，包边厚度由膨胀土干湿循环显著影响区深度确定。

② 底面隔水：基底处理后，填筑厚度大于1.0米碎石或沙砾垫层，以起到防治地下水及隔断毛细水的影响。

③ 顶面封闭：顶面也用非膨胀性黏土进行包边。

四、冻土路基

冻土是指零摄氏度以下，并含有冰的各种岩石和土壤。冻土具有流变性，其长期强度远低于瞬时强度特征。我国东北地区冬季寒冷，水凝结成冰后路基体积会膨胀，冰融化后体积会收缩，强度会减低，因而在寒冷地区修筑高速铁路需要解决路基的冻胀和融沉问题。

冻胀现象反映在铁路路基上就是冬季路基冻胀，引起路基变形、裂缝等，这些将严重影响铁路行车安全和运输效率。在我国，无论西北还是东北的季节冻土地区，铁路的冻害都比较普遍。

控制路基冻胀的主要措施有：提高路基本体防冻能力，根据防冻需要选择路基填筑材料；提高路基排水能力，使渗入路基的水快速排出；降低地下水，采取封堵措施，防止地表水渗入路基；采取保温措施，提高冬季路基本体温度，以减少结冰等。

五、不良地质路基

不良地质包括岩溶、风沙、滑坡、危岩、泥石流等，在这些路段路基的施工、处理是高速铁路施工质量控制的一大要点。

我国岩溶地区分布广泛，特别是西南地区，岩溶分布率高达82%。在长期列车动载作用下，岩溶空洞的坍塌导致路基的损坏进而直接影响高速铁路的运营。因此，在岩溶区修建高速铁路往往是交通建设的突出难题。在岩溶低山区修建铁路或公路时，一般采用岩石路堑与人工填土路堑。在修筑路堑过程中，可能无意中破坏或切削顶板，从而导致岩溶出露，若清除岩溶不当，岩溶顶层的稳定性被破坏，那么当回填土的时候对岩溶顶板的压力将增大许多，致使岩溶顶板具有了塌陷的可能性。

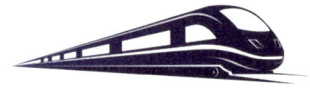

在处理岩溶区时，常考虑到通过注浆，在一定压力下将惰性材料浆液注入溶洞、岩溶裂隙及土体孔隙中，浆液凝固后能使岩溶裂隙、岩土界面得到封闭，阻隔了岩溶水与上层滞水，起到了隔水帷幕的作用。同时岩溶溶洞能得到填充，使土体及岩层形状得到改变，从而使路基强度得到提高，变形受到约束，整体沉降得到控制。

风沙地区路基是沙漠、大风和沙流地区的路基的总称，位于这些地区的铁路路基，容易遭受风蚀或沙埋的危害。当路基与主导风向正交时，迎风侧的路肩及边坡上部风蚀严重，路肩被吹蚀成浑圆状，坡面有吹蚀槽，在边坡下部的部分区域不遭受风蚀。背风坡以掏蚀为主，从路肩开始风蚀，使路肩宽度不够，影响行车安全。

图 4.7　新疆境内兰新高铁防风沙护栏　罗春晓摄

风沙地区路基防害可以分为植物防沙、工程防沙两类。利用地下水、利用路堑地下水建立植物防沙工程有一个缺点，就是难以保证供水的稳定。工程防沙的主要措施包括设置导流堤、挡风（沙）墙等。

我国西部艰险山区通常山高谷深并存在大量的地质灾害，其中主要以滑坡及高边坡失稳为主，滑坡及高边坡失稳会给铁路造成巨大的损失，但在西部山区要完全绕避滑坡及高边坡是难以实现的。滑坡的防治应以预防为主，治疗为辅，防、治、养相结合，故在滑坡及高边坡区，高速铁路路基施工具有重要意义。

在路基施工中，防治滑坡的措施主要包括滑坡排水与防护、减重与加载、支挡和改善滑坡土体的物理性质等。滑坡的发生和发展都与水的作用有关，绝大多数滑坡都是因受雨水侵蚀和排水不良所引起的，排水是防治各类滑坡的根本。减小滑坡的下滑力，是一种操作简单、经济实惠的防治措施，将减重的土体堆在坡脚，可以增加抗滑力。选用适当的支挡结构，或用物理化学方法稳定滑坡是两种较少使用的方法，当其他措施难以奏效时，可以考虑采用这两种措施。

第五章

高速铁路桥梁技术

第一节 一桥飞架南北

第二节 桥梁设计新理念

第三节 桥梁建设施工中的"三新"

第一节　一桥飞架南北
——高速铁路桥梁

古时候，想要跨越水道、峡谷，要靠倒下来的树木、天然形成的石梁。人类的进步，就是从发现到创造的过程，在桥梁方面，则体现在从"天然桥"到"人造桥"的转变。

17世纪以前，桥梁的主要形式是简易的木桥和竹桥。小学课本里提到的赵州桥，是我国现存最早的石拱桥，也是我国古代劳动人民的智慧结晶。毛泽东主席在武汉畅游长江时，面对正在修建的武汉长江大桥，曾感慨"一架飞桥架南北，天堑变通途"。武汉长江大桥也是我国国家建设的重要标志。

图 5.1　武汉长江大桥

在修建一条铁路时，常常会碰到江河、山谷、公路或者与另外一条铁路交叉，为了让铁路跨越上述这些障碍，需要修建各种各样的铁路桥梁。

中国最早的铁路桥梁要追溯到19世纪70年代修筑的吴淞铁路——我国最早的运营铁路，因当地河网密布，短短十几公里的铁路修建了中小桥梁十余座，其中最大的是长50米左右的吴淞蕰藻浜桥。1887年，中国人自己修筑的第一条铁路——唐胥铁路向西延伸时，在茶淀与汉沽间的蓟运河上修建了长173.72米的铁路钢桥——蓟运河桥。此桥经过多次改造，直到今天仍在使用，它可以算是中国铁路历史最悠久的钢桥。从1881年唐胥铁路建成至今，中国共修建了4万余座各种大、小跨度铁路桥梁，其中1984—1995年就修建了6 259座。

高速铁路运营密度大、运行速度高、舒适度要求高，所以高速铁路线路应具有高平顺性、高稳定性、高精度、小残余变形及少维修等特点。为确保线路平顺，高速铁路大量采用"以桥代路"的高架桥方案，在我国已建成的高速铁路中，桥梁总长度所占线路总长度的比例较高，一般达到50%～60%，有的高达80%～90%，见表5.1。而以往的普通铁路桥梁总长度所占线路总长度的比例仅有5%～6%，通常不超过10%。

表5.1 部分高速铁路线路桥梁占比

线路名称	线路长度（公里）	桥梁占比（%）
京沪高速铁路	1 318	86.5
京津城际铁路	120	87
武广客运专线	1 069	41.4
沪杭客运专线	169	87
郑徐客运专线	362	93.5

一、高速铁路桥梁的特点

高速铁路桥梁的主要特点包括：桥梁所占比例大、高架长

桥多；以中等跨度为主；刚度大、整体性好；纵向刚度大；重视结构耐久性设计；注重人性化设计；强调景观设计及与环境协调等。

高速铁路桥梁通过控制结构刚度、梁体徐变上拱度、墩台工后沉降，达到桥上线路高可靠性、高稳定性、高平顺性和良好的车桥耦合动力性能。

1. **桥梁结构形式不同**

世界各国各地区的高速铁路桥梁均有较为常用的跨度，如法国高速铁路常采用 40 米跨度等高连续梁，德国高速铁路常采用墩中心距为 44 米和 58 米的简支梁，意大利、西班牙高速铁路常用 24 米简支梁，日本高速铁路多采用小跨度连续刚构桥，韩国高速铁路的标准跨度为 25 米和 40 米，我国台湾地区则采用 30 米和 35 米标准跨径简支梁。

《铁路桥梁跨度系列》确定了我国铁路桥梁的常用跨径、名义跨径及梁长参数。在此基础上，经过一系列常用跨度桥梁梁型、梁跨综合比选，确立了高速铁路桥梁以跨度 32 米后张法预应力混凝土简支箱梁为主，跨度 24 米箱梁（梁体高度与跨度 32 米箱梁等高）在设计方案中作为调跨布置。

我国高速铁路箱梁主要分三大类，分别是 300～350 公里/小时高速铁路无砟轨道后张法预应力混凝土简支箱梁，200～250 公里/小时高速铁路（兼顾货运）有砟轨道后张法预应力混凝土简支箱梁和 250 公里/小时城际铁路有砟、无砟轨道后张法预应力混凝土简支箱梁，用以适应不同地区的经济发展，满足全国不同地区的快速交通需求。

双线整孔无砟轨道后张法预应力混凝土简支箱梁是我国现阶段 300～350 公里/小时高速铁路桥梁中应用最广泛的类型，桥上正线线间距为 5.0 米。在应用该梁型的各条高铁线路中，京津城际、郑西、武广高速铁路采用的简支箱梁中桥面宽度为 13.4 米。2008 年后，桥面宽度调整为 12.0 米，它应用于石武、京石、沪杭、宁杭、杭甬、合蚌等高速铁路中，其他

外形尺寸与调整前一致，跨度 32 米简支箱梁横截面尺寸如图 5.2 所示。

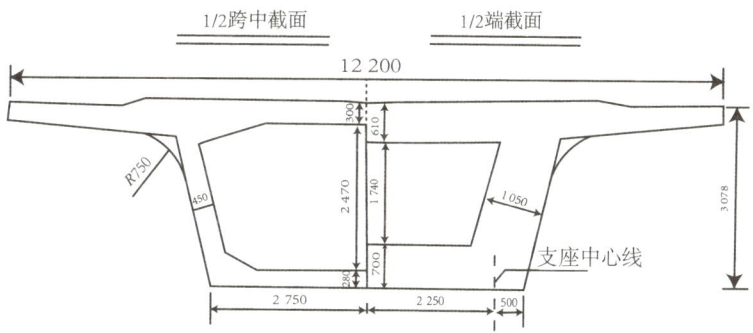

图 5.2　300～350 公里/小时高速铁路双线整孔
无砟轨道后张法预应力混凝土简支箱梁横截面（单位：mm）

双线整孔有砟轨道后张法预应力混凝土简支箱梁是我国现阶段 200～250 公里/小时高速铁路（兼顾货运）桥梁中应用最广泛的类型，桥上正线间距为 4.6 米。在合宁、合武、甬台温、石太、福厦、厦深、南广等高速铁路中采用了如图 5.3 所示的截面形式。经过桥面系优化后，截面的桥面宽度由 13.0 米调整为 12.2 米。而无砟轨道箱梁的桥面宽度为 11.6 米。

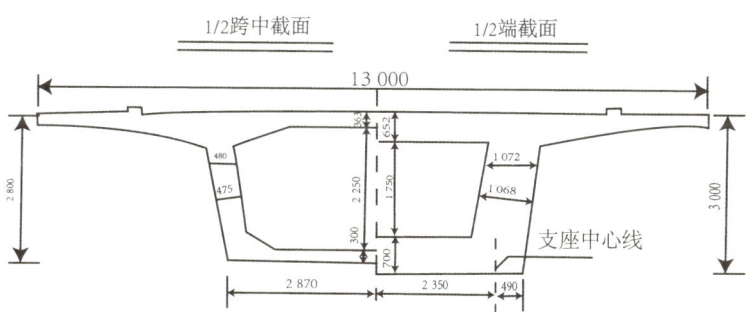

图 5.3　200～250 公里/小时高速铁路双线整孔
有砟轨道后张法预应力混凝土简支箱梁横截面（单位：mm）

250 公里/小时城际铁路桥梁中应用较广泛的有双线整孔后张法预应力混凝土单箱双室简支箱梁和双线整孔后张法预应力混凝土简支箱梁两种类型。其截面形式如图 5.4 所示。

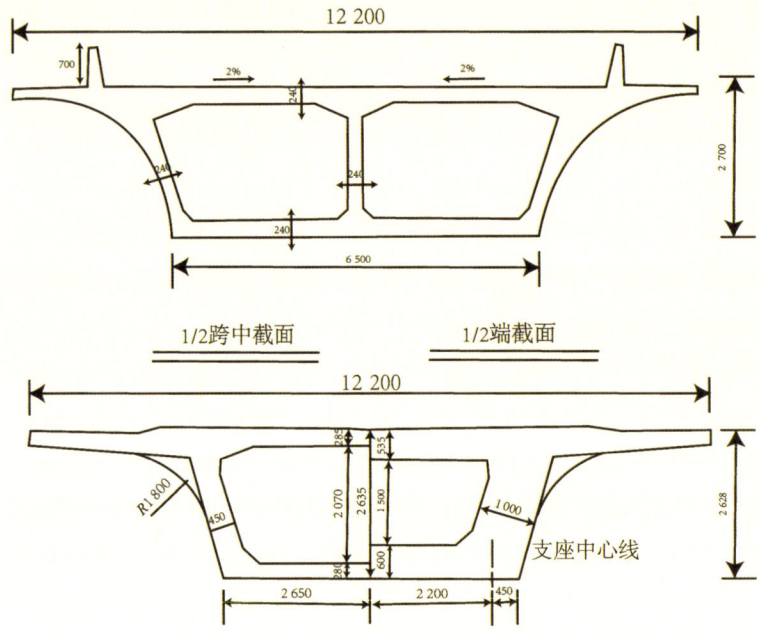

图 5.4 城际铁路双线预应力混凝土简支箱梁横截面（单位：mm）

2. 长桥大跨

受河网、软土、既有地面交通控制，以及桥梁、桥涵、涵洞之间最小路基长度的制约，与既有线相比高速铁路桥长超过 500 米的特大桥比例大幅度提高。如京沪高速铁路丹昆特大桥桥长 164.8 公里、天津特大桥 113.7 公里、沧德特大桥 101 公里、淮河特大桥 85.4 公里，郑西高速铁路渭河特大桥桥长 79.7 公里。已开通和在建的设计速度 350 公里/小时、250 公里/小时高速铁路桥梁总长度占线路总长度比例分别达 71% 和 35%，相较既有铁路桥梁长度占线路长度比例 4.5% 左右而言显著提高。

3. 高速铁路桥梁刚度大、整体性好

列车的高速、舒适、安全行驶要求高速铁路桥梁必须具有足够大的刚度和良好的整体性，以防止桥梁出现较大挠度和振幅。同时，必须限制桥梁的预应力徐变上拱和不均匀温差引起的结构变形，以保障轨道的高平顺性。一般来说，高速铁路桥

梁设计主要由刚度控制。

高速铁路桥梁纵向刚度大。因高速铁路桥上需铺设跨区间无缝线路，要求桥梁具有足够纵向刚度，而桥上无缝线路钢轨的受力状态不同于路基结构的温度变化，列车制动、桥梁挠曲会使桥梁在纵向产生一定位移，引起桥上钢轨产生附加应力。过大的附加应力会造成桥上无缝线路失稳，影响行车安全。因此，墩台基础要有足够的纵向刚度，以尽量减少钢轨附加应力和梁轨间的相对位移。

4. 重视结构耐久性设计

高速铁路中断行车会造成很大的经济损失和不良的社会影响，因此高速铁路桥梁一方面要尽量减少维修，另一方面要便于日常检查和维修。为此高速铁路桥梁全面采用高性能混凝土和合理的构造细节，以延长桥梁结构的使用寿命。与高速铁路路基一样，高速铁路桥梁的设计使用年限也是100年。为实现桥梁结构的"百年大计"，提高桥梁混凝土的耐久性，铁路工程师们主要通过控制混凝土材料强度等级、水胶比、用水量、胶凝材料用量等常规指标；通过使用矿物掺合料、高效减水剂、引气剂等手段，提高混凝土拌合物施工性；通过加大结构保护层厚度、强化防排水等措施，根据环境类别分级，进行结构耐久性设计，通过上述措施，从而实现桥梁结构耐久性设计目标。

当桥梁处于严重腐蚀环境中，依靠混凝土本体性能的改善已不能满足耐久性要求时，铁路工程师们会进一步采取混凝土表面浸渍、涂装、环氧涂层钢筋、增设耐候钢筋、钢箍、加大截面、阴极保护等其他强化措施，以确保桥梁结构的耐久性。

5. 注重人性化设计

在高速铁路简支梁设计时，特别注重人性化设计，让高速铁路桥梁施工、使用和维护更加人性化。高速铁路标准跨度预应力混凝土简支箱梁全部采用现场梁厂预制施工，钢筋加工、模板安装、梁体混凝土浇筑、梁体混凝土养护、预应力初张拉

和终张拉、管道压浆、梁端封锚等工序均在梁场内完成,确保了制造质量。梁体端部不设置横隔板,为自动化内模提供了操作空间,极大地减少恶劣环境下的人工操作及其不确定性带来的质量隐患。

为便于高速铁路桥梁检查维护,在梁端底板设置进人孔,如图 5.5 所示,配合墩顶凹槽,为架梁完成后检修人员的通行提供了便利。

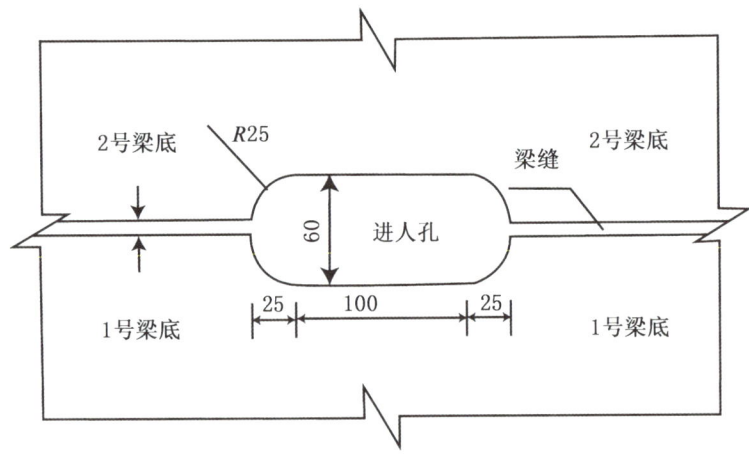

图 5.5 简支梁梁底进人孔示意图(单位:cm)

6. 强调景观设计及与环境协调

我国高速铁路简支梁桥在保证行车安全的前提下,还特别注重景观和美学设计。为适应桥梁上、下部结构之间美学上衔接的需要,科学搭配梁体高跨比与墩高、合理匹配桥墩选型与梁部流线。

同时,结合流线形的景观设计思想,梁体采用大倒角以增强流线效果,使箱梁的流线更加柔和,免于生硬。全桥采用 32 米等跨布置,对于局部地区的调跨,为保持外形协调美观,采用与 32 米等梁高的调跨梁。整个桥梁结构沉稳而不失灵动,庄重又不失优雅。

在桥梁构造上注意结构整体的景观效果,力求实现桥梁景观与当地规划相统一、与周围环境相协调,达到技术和艺术的

图 5.6　有"最美高铁"之称的合福高速铁路　罗春晓摄

完美结合。高速铁路所经之处,桥梁便成为一道靓丽的风景。人们在乘坐高速列车的同时,也是在遍历祖国各地风景。

二、高速铁路桥梁的类型

高速铁路桥梁按照材料不同,可以分为混凝土桥、钢桥以及钢与混凝土组(复)合桥。由于钢材具有较高的承载能力,因此跨度较大时通常采用钢桥。另一方面,预应力混凝土梁由于性能优越、施工简便、节能环保,在高速铁路建设中被大量使用。

按照结构及受力特点的不同,铁路桥梁可以分为梁式桥、拱形桥、刚构桥、斜拉桥、悬索桥以及各种组合结构的桥。其中,梁式桥采用最多,它是一种使用最广泛的桥梁形式,又可细分为简支梁桥、连续梁桥和悬臂梁桥。简支梁是一端固定、一端活动的单跨梁式桥;连续梁桥是指桥跨结构连续跨越两个以上桥孔的梁式桥;悬臂梁桥则是在桥墩上连续、在桥孔内中

断，即线路在桥孔内过渡到另一根梁上的梁式桥。

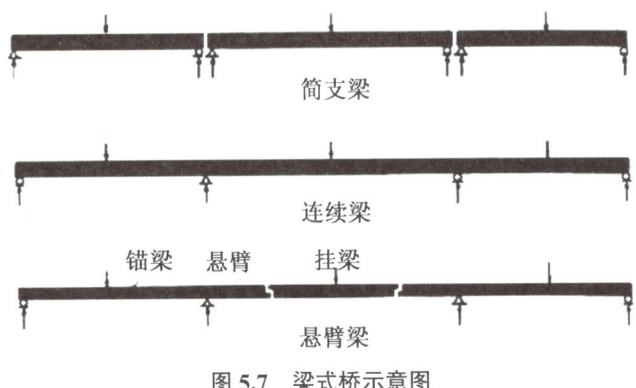

图 5.7　梁式桥示意图

梁式桥的梁身可以做成实腹的，也可做成空腹的，空腹的称为桁梁（架）。桁架的类型五花八门，有三角形、双斜杆形、菱格形、米字形、多腹杆密格形、K 形、W 形、空腹形等。

拱式桥由拱上建筑、拱圈和墩台组成。在竖直荷载作用下，作为承重结构的拱肋主要承受压力，拱桥的支座既要承受竖向力，又要承受水平力，因此拱式桥对基础与地基的要求比梁式桥要高。拱式桥按桥面位置可分为上承式拱桥、中承式拱桥和下承式拱桥。

a 三角形

b 菱格形

图 5.8　桁架

图 5.9　上承式拱桥

斜拉桥是将梁用若干根斜拉索拉在塔柱上的桥。它由梁、斜拉索和塔柱三部分组成。斜拉桥是一种自锚式体系，斜拉索的水平力由梁承受，梁除支承在墩台上外，还支承在由塔柱引出的斜拉索上。按梁所用的材料不同可分为钢斜拉桥、结合梁斜拉桥和混凝土梁斜拉桥。

图 5.10　金门大桥（斜拉桥）

刚构桥是指桥跨结构与桥墩连为一体的桥。刚构桥根据外形可分为门形刚构桥、斜腿刚构桥和箱形桥。斜腿刚构桥可应

用于山谷、深河陡坡地段，避免修建高墩或深水基础。箱形桥的梁跨、腿部和底板连成整体，刚性好，适用于地基不良的情况和既有线下采用顶推法施工。

悬索桥，是桥面支承在悬索上的桥，又称吊桥。它是以悬索跨过塔顶的鞍形支座锚固在两岸的锚锭中，作为主要承重结构。在缆索上悬挂吊杆，桥面悬挂在吊杆上。由于这种桥可充分利用悬索钢缆的高抗拉强度，具有用料省、自重轻的特点，是现在各种体系桥梁中能达到最大跨度的一种桥型。

图 5.11　矮寨特大悬索桥

除以上五种桥梁基本结构形式外，还有一种其承重结构系由两种结构形式组合而成，称为组合体系桥梁。如梁与拱的组合，以九江长江大桥为代表；梁与悬吊系统的组合，以丹东鸭绿江大桥为代表；梁与斜拉索的组合，以芜湖长江大桥为代表等。

三、高速铁路桥梁明星谱

"世界第一高桥"——北盘江大桥（又名尼珠河大桥）

北盘江大桥位于贵州省，全长 721.25 米，主跨 445 米，

设计速度达到 350 公里/小时，是沪昆高速铁路全线重点控制性桥梁工程，大桥创下了贵州高速铁路桥梁建设的两项纪录：世界钢筋混凝土拱桥最大跨度桥梁，中国高速铁路铁路桥最大跨度桥梁。

北盘江大桥为上承式劲性骨架钢筋混凝土拱桥，大桥以一跨形式跨北盘江而过，距江面高约 300 米，其中主桥 445 米的跨度在目前世界同类型铁路拱桥中跨度是最大的。远观北盘江大桥，犹如一道彩虹，飞跃北盘江峡谷。

北盘江大桥是沪昆高铁贵州西段的控制性工程。2010 年 10 月开工建设，预算投资 4.5 亿元。2015 年 11 月 19 日顺利合龙。列车通过北盘江特大桥的时间只有 6 秒左右，可建设者们却在大山里坚守奋战了整整 6 年。

图 5.12　沪昆高铁北盘江大桥　罗春晓摄

主体结构设计寿命达100年，主拱采用钢筋混凝土劲性骨架拱圈，整个大桥耗费钢材4万多吨。桥拱基座爆破土方44万多方，共浇注混凝土17万立方米，如果将这些混凝土修筑成横截面一平方米见方的挡墙，将长达170公里，可从大桥一直延伸到贵阳。

大桥建成后，实现了"五大突破"，即钢筋混凝土拱桥最大跨径、高速铁路桥最大跨度、大跨度桥梁无砟轨道铺设技术、大跨度混凝土拱桥工法和大跨度桥梁刚度控制工艺。

"世界上最大的公铁两用桥"——武汉天兴洲长江大桥

武汉天兴洲长江大桥位于湖北省武汉市，大桥西北起汉口平安铺，东南止武昌武青主干道，是一座公路铁路两用桥，主桥长4 657米，主跨504米，公路引线全长8 043米，铁路引线全长60.3公里，全桥共91个桥墩，总投资约110亿余元。大桥路面铺设4条铁路线为京广高速铁路和沪、汉、蓉客运专线，是中国首座四线公路铁路两用斜拉桥。

图5.13　武汉天兴洲长江大桥

大桥于2004年9月28日正式动工，它集众多桥梁新技术、新结构、新工艺、新设备于一体，是继武汉、南京、九江和芜湖长江大桥后，中国公铁两用桥梁建设的第五座里程碑，代表当今国内外桥梁技术最高水平的标志性桥梁工程，是中国铁路建设史上的一次新的跨越。

天兴洲大桥在当今世界同类型大桥中拥有"跨度、荷载、速度、宽度"4项第一：主跨504米，比世界第二的丹麦厄勒海峡大桥长14米；可同时承载2万吨的荷载，按天兴洲大桥4条铁路线加6车道公路推算，荷载能力至少是长江二桥的6倍；铁路桥按高速铁路设计，时速可达250公里；主桁宽30米，可同时并行四线火车。

天兴洲大桥设计使用寿命100年，能抗强震、11级大风和300年一遇洪水，主通航孔桥墩能防止5 000吨海轮撞击，牢固又可靠。

"跨度最大的公铁两用桥"——铜陵长江公铁大桥

铜陵长江公铁大桥位于安徽省铜陵市铜官山河段荻港水道中部，是京福高铁安徽段项目的一个控制性工程，同时还是合肥—庐江—铜陵铁路和铜陵至巢湖高速公路的过江通道。

正桥全长16.719公里，由北引桥、跨江主桥和南引桥组成。其中，引桥采用24米和32米铁路标准简支梁＋现浇连续梁（跨大堤及河流）等结构形式；主桥为公铁两用大桥，全长1 290米，为两塔五跨钢桁梁斜拉桥，跨径布置为（90+240+630+240+90）米，主跨630米，单孔双向通航。大桥下层为设计时速250公里合福铁路双线和160公里合庐铜铁路双线共四线铁路，上层为设计时速100公里的双向六车道高速公路。

铜陵长江公铁大桥建设规模宏大，堪称世界一流桥梁，刷新了我国公铁两用大桥桥梁跨度的新纪录。其中深水大型沉井基础施工、大跨度桥梁无砟轨道施工、钢梁桁片式制造架设、大跨度公铁两用桥堪称世界之最。

> 第五章 高速铁路桥梁技术

图5.14 铜陵长江公铁大桥　罗春晓摄

"世界铁路桥之最"——大胜关长江大桥

南京大胜关长江大桥是京沪高速铁路上的控制性工程,该桥位于南京长江三桥上游1 550米处,全长9.273公里,跨水面正桥长1.615公里,通航净空32米,可以确保万吨级巨轮通过,规模宏大、施工复杂,是京沪高速铁路的控制性工程之一。

大胜关长江大桥主跨2米×336米,连拱为世界同类桥梁最大跨度,桥上按六线布置,分别为京沪高速铁路双线、沪汉蓉铁路双线和南京地铁双线;其中京沪高速铁路设计时速达300公里,沪汉蓉铁路为Ⅰ级干线,客货共线,客车设计行车时速是200公里,南京地铁行车时速是80公里。它也是世界上设计荷载最大的高速铁路桥梁,其主桥墩承台长76米,宽

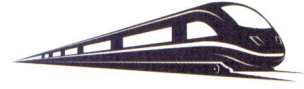

115

图 5.15　南京大胜关长江大桥

34 米,厚 6 米,巨大的承台下面连着 46 根 120 米长的桩,根根直伸到水下的岩石中,共同支撑起万吨以上的荷载。从侧面看,主桥共有 11 个桥墩,双孔通航,3 个主桥墩间的最大跨度达到 336 米,成为设计时速 300 公里级别中跨度最大的高速铁路桥梁。

  从外观上看,大桥由 3 个主桥墩在湍急的江水中撑起巨大的身躯,两架组合钢拱架组成优美的"M"形,与"一"字形桥面一起,把水天一色映衬无遗。

  大胜关长江大桥代表了中国当前桥梁建造的最高水平,被誉为"世界铁路桥之最",是世界首座六线铁路大桥。双跨连拱为世界同类级别高速铁路大桥中跨度最大;是目前世界上设计荷载最大的高速铁路大桥;设计时速 300 公里,处于高速铁

路大跨度桥梁世界领先水平，极具纪念意义。

第二节　桥梁设计新理念
——高速铁路桥梁设计

高速铁路桥梁是构建高速铁路本体的重要工程结构。由于工作条件、技术要求的差异，传统铁路桥梁设计中的部分设计原则和工作方法已不能适应新时期桥梁建设的要求，必须更新建设理念，坚持时代要求与国情条件相统一的原则。

一、保证高速条件下安全性与舒适性的理念

支承线路的桥梁在列车通过时，运行速度不同，产生的影响也不同。当行车速度达到 200 公里/小时以上时，由动力学产生的影响将控制桥梁设计，直接影响行车的安全性和旅客乘坐的舒适性。因此，在高速铁路桥梁建设中，如何保证桥梁达到与设计速度目标值相应的安全性和舒适性，是桥梁建设者必须考虑的核心问题。

高速铁路是一个综合系统工程，保证桥梁在高速条件下的安全性与舒适性，需要建设者系统研究各种相关因素，解决各方面的问题。诸如在桥渡设计中必须重视高速铁路的线形要求；在结构设计中必须重视由舒适性要求控制的车桥动力特性、桥梁刚度和变形控制问题；在工点设计中必须研究解决标准跨度长桥、大跨度桥以及道岔桥、高架桥等不同桥梁所产生的特殊问题；在桥面设计中必须考虑高速条件下的养护维修要求，重视站后系统工程接口的要求。

1. 注重车线桥系统动力分析，确保桥梁刚度满足安全性、舒适性要求

高速列车在铁路桥梁上运行时，列车与桥梁之间的互动影响明显，因此，动力响应问题是高速铁路桥梁设计的关键所在。在结构设计中除应满足常规桥梁的静力强度、刚度要求外，还必须高度重视结构的动力特性。梁跨结构必须具有

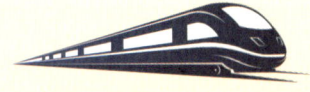

足够的刚度和自振频率，宜采用箱形梁等刚度大、动力性能好的结构形式，以保证高速行车的安全性和旅客乘坐的舒适性。

2. 严格控制桥梁结构非弹性变形，保持轨道持续稳定和高平顺性

高速铁路桥梁结构在与跨区间无缝线路的相互作用下以及在各种荷载工况下的变形，将直接导致桥上轨道结构的变形，从而影响高速列车运行的安全和乘坐的舒适。因此，对在梁轨作用间的位移差值、桥墩台的水平刚度、基础的沉降变形、梁体挠度、梁端转角、预应力混凝土梁体的弹性变形及后期收缩、徐变变形值的控制，均应以保证高速行车安全、舒适为目的，使线路轨道平顺性保持在允许的范围内。

3. 重视等跨简支长桥的动力特点和路桥刚度过渡问题，保证线路动力性能良好

由于线路、水文、地质、立交等要求，高速铁路的长桥较多，有的长达数十公里，甚至上百公里。当列车以匀速行驶时，等跨简支长桥与列车间的相互作用易达到某一稳定的频率，而这一频率是否会对列车走行造成不利影响，应当引起重视并深入研究，以保证行车安全性与舒适性。

路基填土相对桥梁结构具有可压缩性，提供的竖向刚度也比桥梁弱得多。在路基、桥梁交变地段，竖向刚度的突变将对高速行车造成影响。因此，为了保证高速列车的安全和舒适，必须重视路桥刚度过渡问题，做好刚度过渡措施。

4. 研究特大跨度桥梁低频振动影响，充分保证特大跨度桥梁的安全性和舒适性

大跨度桥梁的动力特性不同于中小跨度桥梁，低频振动问题对高速行车的影响在大跨度桥梁中不可忽视。在大跨度桥梁设计中，除常规动力学问题外，还应研究高速行车条件下的低频振动问题，把握其对行车以及对结构自身的影响，为高速铁路桥梁的安全性和乘坐舒适性提供充分保证。

5. 合理设计桥面构造系统，满足安全运营和养护维修的要求

高速铁路桥梁的桥面，除布置有轨道系统外，还承载着电力、电气化、通信、信号、声屏障等相关设施。桥面在施工期间可能有施工运载机具通过，在运营阶段不仅要运行高速列车，还将有机械化养护维修设施通过。此外，列车在高速行车时产生的风吸附作用也将对桥面设施产生影响，进而影响高速行车安全。因此，应该重视桥面构造系统研究，综合考虑各方面要求，设计合理的桥面形式。

6. 桥渡设计应充分考虑高速铁路的线形要求特点，优化高速列车的运行条件

桥梁的作用是支承线路。高速铁路的平面曲线半径大，不能按照传统桥渡的概念控制线路走向，除个别特大桥外，大多数桥梁的桥位受线形控制，需采用一定的技术措施，以实现高速运行。对于技术复杂、具有控制性要求的个别特大桥的桥渡设计，要在充分研究水文、地质、河道、航道及道路设施的通行条件等因素的基础上进行综合比选，采用有利于缩短行车时分、技术经济条件好的方案，并结合施工条件，选择合理的桥式结构、桥跨布置、墩台基础形式。

二、注重环境适应性的理念

任何事物的存在，都处于一定的客观环境中，并与环境发生直接或间接的相互作用。中国高速铁路的建设和运用，必将与铁路经由地区的自然环境、经济环境、人文环境等紧密相关，受到各种环境因素的影响，同时也对环境产生影响。因此，高速铁路桥梁建设必须注重顺应环境，与各种环境因素构成和谐共生的关系。

中国幅员辽阔，南北跨越寒带、温带、热带，东西跨越5个时区；地形、地质、地理、水文等环境复杂多样；各地区的经济结构特点、经济发展水平不尽相同；城镇密集程度、人口分布状况差异很大；受历史和文化沉淀的影响，地域文化丰富

多彩。

中国高速铁路桥梁的建设，必须充分研究建设地区的环境因素，预判环境对桥梁的影响，解决不同自然环境条件下的基础设计、结构选型、构造措施等技术问题；要特别重视节约林地、耕地，重视减震降噪，在人口密集地区还要做好桥梁美学设计，形成与环境的和谐关系；在沿海氯盐腐蚀地区、温差变化大冻融频繁地区等，要处理好桥梁结构耐久性问题。

1. 适度加大高架桥规模，节约土地资源，方便沿线居民生产生活

中国由于人口众多，土地资源非常珍贵，人均土地面积不到0.008平方公里，仅为世界人均土地资源量的1/3。因此，中国的铁路建设必须注重节约用地。建造高架桥梁与修建路基相比，能够少占良田、节约土地资源，解决路基对沿线交通、生态的阻隔问题。此外，中国高速铁路多位于东、中部地区，该地区人口稠密、道路纵横交错，采用高架桥为公路的发展也预留了必要的空间。

2. 重视减隔振设计，贯彻环保要求

高速铁路在提高运行速度的同时，会产生很大噪声，其原因主要为轮轨的碰撞、列车受电弓与接触网的摩擦、列车与空气的摩擦、结构物的自身振动等。对于上述问题，应深入研究，采取科学、有效的措施，尽量减少噪声影响。例如目前桥梁支座普遍采用橡胶支座，可减振消振、减少噪声，减少对环境的影响。位于城镇或居民区的桥梁，可以采用在桥面外侧设置声屏障等措施。此外在建设、运营中的各个环节，要严格控制对水源、土壤、大气等的污染。

3. 加强桥梁结构耐久性设计，保证结构的使用寿命

优先采用预应力混凝土结构。根据中国高速铁路成网运输、维修天窗时间短的国情，结合环境类别或环境作用等级，进行耐久性设计、施工，建造少维护、易维修的耐久性工程。

4. 重视建筑美学，塑造与环境相协调的桥梁景观

桥梁是交通系统的重要组成部分，桥能满足人们到达彼岸的心理希望，同时也是使人印象深刻的标志性建筑，并且常常被称为审美的对象和文化遗产。高速铁路桥梁尤其是穿越优美的自然景区、经过城市范围的桥梁，作为永久性工程，建成后将融入所经地区人们的生活中，对城镇产生深刻的影响和带来巨大的变化。人们不仅希望建设的桥梁能够发挥交通建筑的主要功能，还要体现出与环境和谐统一的美的特性。中国高速铁路桥梁建设应遵循实用、安全、经济、美观的原则，重视工程要求与美学要求的结合，建造与自然环境、人文环境相协调的桥梁工程。同时，作为现代桥梁建筑还力求体现出工程建筑与社会生产力及社会思想意识的同步发展，在实用的前提下塑造出新颖、美观的桥梁造型，在桥梁建造中突出体现简洁明快、轻巧纤细、连续流畅的时代风貌。

三、注重服务运输和综合效益的理念

服务运输是铁路建设的根本宗旨，也是高速铁路桥梁建设应该遵循的一个重要理念。当前，路网资源不足、运输能力短缺仍然是制约中国铁路的主要问题，因此，如何加快客运专线建设速度，尽早实现客货分线，大幅度提升铁路运输能力是铁路建设工作中必须解决的一个原则问题，也是我们进行高速铁路桥梁设计和施工时必须思考的一个重要问题。

从铁路建设和运用的全过程分析，在科学、合理的范围内加快建设速度，采用较短的建设周期，尽可能提前投产，虽然有可能增加部分初期投资，但有利于取得更好的综合效益。从已经完成和正在建设中的铁路实施情况看，大部分铁路的建设周期都可以控制在4～5年。为了实现这个目标，对于一些需要更长周期的重大控制工程，可采用提前开工的办法缩短建设周期。对于高速铁路中的标准跨度长桥等量大、面广的工程结构，宜组织工厂化生产、快速铺架的措施，加快建设速度。

此外，为了方便运营管理，高速铁路桥梁建设除在设计中

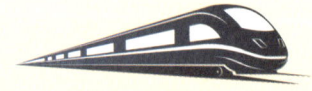

要纳入少维修、易维修的设计原则外，还要认真研究解决高速铁路桥梁的维修方式、养修设施，尽量减少交付运营后的维修难度和工作量，为运输管理创造更好的基础条件。

1. 控制性重大桥梁工程先期开工

为保证建设工期能够控制在较短的周期内，对于个别控制全线施工工期的技术复杂的特大桥，如京沪高速铁路的南京大胜关特大桥、武广客运专线的天兴洲公铁两用斜拉桥等，采用单位立项、先期开工的方式解决工期问题，既保证了桥梁工程的合理周期，又加快了全线的建设速度。

2. 标准跨度长桥组织工业化快速施工

高速铁路的桥梁长度占线路长度的比例大，有的高达80%～90%，其中，有很多是标准跨度的简支梁长桥。例如京津城际铁路的杨村特大桥全桥长36.5公里，采用32米简支箱梁、桩基础；京沪高速铁路的丹阳至昆山特大桥全长164.85公里，也多采用32米简支箱梁、桩基础。这些标准跨度的长桥结构构件数量巨大，有利于工厂化制梁，采用架桥机组织快速铺架，对保证全线工期有重要作用。

3. 工程建设要充分考虑运营维护的简便性

根据中国高速铁路成网运输、维修天窗时间短的国情路况，高速铁路桥梁设计应满足少维修、易维护的需求，优先采用预应力混凝土结构。还要重视接口设计，协调桥梁与轨道、接触网、通信、信号、电力电缆线、综合接地等各专业之间的接口关系，综合考虑专业之间的系统集成技术，满足养护维修作业需要。

第三节　桥梁建设施工中的"三新"
——高速铁路桥梁建设施工技术

一百多年来，中国铁路的建桥技术取得了举世瞩目的成就，研究制造出高强度耐久的新材料，设计出先进合理的桥式

结构,拥有科学先进的制造和施工工艺设备。

我国建设的大跨度桥梁、长大桥梁、高墩、多跨连续梁桥、斜腿刚构桥、柔性拱刚性桁梁桥、栓焊梁桥、平弯桥、双薄壁墩桥、高墩V形支撑桥、斜拉桥、刚拱桥等科技含量很高的铁路桥,都出现在我国的大江大河上。

中国高速铁路桥梁的设计和施工已经跻身世界先进水平,靠的是哪些"独门绝技"呢?

高速铁路桥梁施工是高速铁路建设的重要组成部分,其质量的控制是非常严格的。为了提高高速铁路桥梁的施工技术和质量控制水平,我国在哪些方面进行了创新呢?

一、我国高速铁路桥梁的建造模式

我国高速铁路桥梁主要采用跨度32米简支箱梁等跨布置,配以与32米梁高等高的24米简支箱梁作调跨使用,形成了具有中国特色的铁路900吨级简支箱梁建造模式,并总结出了高速铁路预制箱梁制造、运输、架设成套技术。在较短时间

图 5.16 高速铁路建设施工现场的庞然大物——架桥机

内取得如此巨大的成就，很大一部分原因是采用了标准化的桥梁设计和施工。

1. 高速铁路简支梁的标准化预制架设施工

高速铁路大量使用预应力混凝土简支箱梁，而箱梁的自重大，移运标准严格，所以多采取就近预制、架桥机架设为主的施工方案。综合考虑运架梁设备的配合作业指标，沿线每 28～40 公里布置一个制梁场，制梁工作在制梁场内完成。整孔箱梁预制的标准化施工步骤如图 5.17 所示。

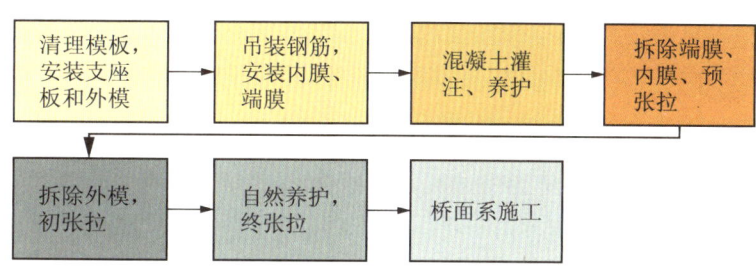

图 5.17 高速铁路简支梁预制施工工艺流程图

预制箱梁采用高性能混凝土、自动温控蒸汽养护、裂纹和徐变控制等关键技术，以确保箱梁的预制质量。运架过程中，开发研究出了对应的移梁小车横移工艺、提梁机施工工艺、运梁车施工工艺和架梁机架梁技术，整个架梁过程实现了真正意义上的机械化和工业化。

2. 标准化施工质量控制体系

高速铁路预应力混凝土箱梁的质量控制体系由标准体系、质量检验体系及产品认证体系组成。

质量检验除采用一般土建工程的监理、质检制度外，对箱梁预制还采取了生产许可证、配套产品认证制度。同时，在质量控制中特别强调了过程控制的理念。实践证明，我国铁路针对预应力箱梁的质量控制体系适应了高速铁路建设需求，较好地控制了质量。

二、中国高速铁路独创桥梁"加垫"技术

桥梁支座是连接桥梁上部结构和下部结构的重要结构部

件，它能将桥梁上部结构的反力和变形（位移和转角）可靠地传递给桥梁下部结构。高速铁路桥梁支座多采用盆式橡胶支座，也采用球形钢支座。

原来的铁路桥梁一般采用轨道下的底板调节厚薄——扣件垫板，来应对形变。当线路发生沉降变形时，通过增加扣件垫板厚度实现轨面高程的恢复。但扣件的调整量是非常有限的，高速铁路扣件高低最大调整量仅 26 毫米，当线路沉降变形超过 26 毫米时，养护维修工作就束手无策了。针对这一难题，为确保高速铁路运行安全，中国高速铁路工程师们发明了一种高速铁路线路养护维修的新办法——桥梁"加垫"技术，即在高速铁路桥梁的支座上加装垫层，通过调高桥梁支座的形式，补偿区域性沉降和不均匀沉降的影响。

对机械式可调高支座，通过加设钢垫板，可实现 60 毫米的最大调高量；对于压注式调高盆式橡胶支座，加设钢垫板，实现最大调高 20 毫米后，再通过压注聚氨酯橡胶或硅橡胶，实现最大调高 40 毫米，总调高量也是 60 毫米。普通支座也可以通过加设钢垫板，进行支座调高，最大调高量为 20 毫米。当调高量超过 20 毫米时，可通过加长支座螺栓以满足更大的支座调高量需求。如此一招足以预留了高速铁路线路几十年的调节余量，妙哉，妙哉！

三、我国在高速铁路桥梁方面的系列创新和改进

1. 大跨度桥梁设计建造技术

高速铁路桥梁通常宜采用中小跨为主，但由于跨越大江、大河和深谷的需要，高速铁路大跨度桥梁的修建也是不可避免的，而我国高速铁路大跨度桥上速度目标值必须与其他路段保持一致，这也增加了大跨度桥梁的设计建造难度。主要设计建造技术包括：采用更高强度等级钢材、应用新型空间结构、研制大跨重载桥梁专用装置、采用深水基础施工新工艺等。

2. 无缝线路桥梁设计建造技术

桥上无缝线路钢轨受力与路基上钢轨受力不同，桥梁自身

变形和位移将使桥上钢轨承受额外的附加应力。为了保证桥上行车安全，设计应考虑梁轨共同作用引起的钢轨附加力，并采取措施将其限制在安全范围内。钢轨附加应力包括制动力、伸缩力和挠曲力。经过多年的专题研究，目前我国系统建立了无缝线路梁—轨作用的力学模型，通过相应的模型试验和实桥测试验证了分析模型和理论的可靠性，制定了相应的技术控制指标。

3. "车—线—桥"动力响应仿真技术

为保证列车高速、舒适、安全行驶，高速铁路桥梁必须具有足够大的刚度和良好的动力性能，以防止桥梁出现较大挠度和振幅。我国从 20 世纪 80 年代初就开始进行"车—线—桥"动力相互作用理论和应用研究，建立和发展了多种分析模型，制定了相应的评定标准。在铁道部组织的桥梁动力性能综合试验中，试验车创造了 300 公里/小时以上的速度纪录，验证了我国"车—线—桥"动力仿真分析方法的有效性和评定标准的可信性。通过多年科研攻关和工程实践，基本掌握了高速铁路"车—线—桥"动力响应作用机制。

4. 无砟轨道桥梁设计建造技术

在无砟轨道桥梁设计中追求构造简洁、美观，力求标准化、便于施工架设和养护维修，确保其具有足够的耐久性和良好的动力性能的关键，在于解决梁体的刚度和变形控制技术。通过对梁体的竖向挠度、水平挠度、扭转角、竖向自振频率等主要技术参数的研究，以及对预应力混凝土梁徐变上拱的控制研究，使桥梁结构能够满足无砟轨道铺设条件。目前我国已基本掌握了高速铁路无砟轨道桥梁的设计建造技术。

5. 高架长桥快速施工技术

正在建设的高速铁路桥梁长度占线路长度的比例远远大于普通铁路，并出现了一些长度大于 10 公里甚至达到上百公里的特长高架桥。标准跨度简支梁一般采用在沿线现场预制梁厂集中预制，并以配套运架设备逐孔架设的施工方法，特殊跨度

的连续梁则采用原位浇筑的施工方法。通过工程实践，形成了一系列成熟的标准梁制、运、架工艺及相应装备，高质量、高速度地实现了特长桥梁的建造。

6. 900吨级整孔简支梁制造运输架设技术

为解决32米整孔预制箱梁的运架施工问题，国内自主研制了多种形式的450吨级提梁机、900吨级架桥机、900吨级运梁车、900吨级移动模架造桥机等设备，从建场、制梁、移运、架设等方面摸索出整套制梁技术，具有较好的施工效率、安全性与可靠性。

图5.18　提梁机

7. 桥梁基础沉降控制技术

在地层为软土、松软土的地段，沉降是桥梁基础设计的主控因素，对工程投资影响巨大。通过对大量实测数据进行沉降曲线与沉降趋势的分析比较，设计者提出桥梁群桩基础沉降计算采用"剪切变形传递法"及"分层总合法"；桥梁明挖基础及涵洞基底不处理基础沉降计算采用"规范法"（分层总和法）；基底为换填或旋喷桩处理的涵洞基础沉降计算则采用"复合模量法"（EC法）与"分层总和法"相结合的方法。目

前，我国基本掌握了高速铁路桥梁基础沉降控制技术。

此外，还有高速铁路桥梁支座应用技术、高性能混凝土材料应用技术、岔区桥梁结构设计建造技术等，这些关键技术，在我国的高速铁路桥梁建设中发挥了重要的作用。

第六章

高速铁路隧道技术

第一节　穿山越岭神器

第二节　隧道构筑物与列车风的较量

第三节　黑暗混沌中开辟出的快速通道

第四节　长大隧道里的"出气孔"和"逃生道"

第一节　穿山越岭神器
——高速铁路隧道

《列子·汤问》中记载了一则中国古代寓言故事——《愚公移山》，故事中愚公苦于太行、王屋两山的阻塞，出来进去都要绕道，虽已年近九旬但仍决心倾全家之力铲除门前大山，并说出了那句"子又有子，子又有孙；子子孙孙无穷匮也"的话，教导后人"无论遇到什么困难，只要有恒心、有毅力地做下去，就有可能成功"。

后来愚公的这种精神感动了天帝，天帝命令大力神夸娥氏的两个儿子背走了那两座山。从此，冀州的南部直到汉水南岸，再也没有高山阻隔了。

愚公预想不到的是，千百年之后，对于因山带来的自然阻隔，我们并不需要移山，而是仅仅在群山之间凿一个隧道，就

图 6.1　高铁列车经过隧道

可以实现交通的畅行，消除这种山体带来的屏蔽和阻隔。

铁路隧道是修建在地下或水下并铺设轨道供列车通行的建筑物。根据其所在的位置，可分为三大类：为缩短距离和避免大坡道而从山岭或丘陵下穿越的称为山岭隧道；为穿越河流或海峡而从河下或海底通过的称为水下隧道；为适应铁路通过大城市的需要而在城市地下穿越的称为城市隧道。这三类隧道中修建最多的是山岭隧道。

由于列车运行速度快，高速铁路隧道中的空气动力学效应更强，对运行、旅客舒适度、车体变形和密封性、洞口环境的不利影响更明显，同时对防排水标准、防灾求援和耐久性等方面也有较高的要求。为保证高速列车从隧道内部通过时不影响列车通过速度和乘坐舒适性，高速铁路隧道在设计、施工建造中与传统铁路隧道有着很大的不同。

中国工程院院士王梦恕曾经说过："正是有了长大隧道、各种复杂地质隧道修建技术的进步，才使高速铁路采用大曲线半径以及高速列车穿山越岭成为可能。"以前修建的普速铁路隧道，一般断面较小，长大隧道少，遇到不良地质时尽量绕避，修建技术相对简单。而高速铁路需要采用直线或大曲线半径，很难绕避不良地质或障碍物，需要采用隧道方案下穿通过，有时"明知山有虎，偏向虎山行"，这就给隧道工程建设带来很大的挑战。高速铁路隧道具有断面大、长度长及特长隧道多、施工风险大和耐久性要求高等特点，往往成为控制全线工期的重、难点工程，所以，高速铁路隧道工程是高速铁路建设的重中之重。

一、中国高速铁路隧道的发展

中国高速铁路隧道技术在近十几年得到了快速发展。中国台湾台北至高雄高速铁路，全长345公里，于2007年1月5日正式通车，共有隧道48座，总延长47公里，这是中国最早通车的有隧道工程的高速铁路。中国大陆第一条通车运营的有隧道工程的高速铁路是沪汉蓉高速铁路中的合肥至南京段，该

项目全长 148 公里，于 2008 年 4 月 18 日开通运营，仅有 2 座隧道，全长 2 005 米。

随着中国高速铁路的崛起，高速铁路隧道工程也得到了快速发展，为中国高速铁路的技术进步增添了动力。截至 2015 年底，中国已投入运营或建成的高速铁路隧道 2 202 座，总长约 3 151 公里，其中长度大于 10 公里的特长隧道 29 座，总长约 370 公里。中国已经成为名副其实的高速铁路大国、隧道大国，并初步形成了一套完整的中国标准的高速铁路隧道技术体系。

二、中国高速铁路隧道的特点

中国高速铁路隧道标准体系既不同于德国、法国等欧洲国家标准，也不同于日本、韩国等亚洲国家标准，而是结合中国国情和中国地质条件、环境条件、建设与运营管理水平创建的中国特色的标准体系。与国外高速铁路隧道比较，中国高速铁路隧道主要有以下特点：

1. 隧道分布区域广，所处环境和地质条件复杂

中国国土面积大，高速铁路隧道在东北、华北、华东、中南、东南沿海、西南和西北地区均有分布，所通过地形及地质情况异常复杂。东北地区气候寒冷，隧道工程要重点考虑防冻害问题；西北地区黄土分布广泛，隧道工程要重点解决大断面黄土隧道的施工技术问题；东南沿海地区岩性坚硬，要解决火成岩的不均匀风化技术难题；中南地区江河较多，经常遇到长距离穿越江河的技术难题；西南地区岩溶地貌发育，需要攻克岩溶隧道的突泥突水等地质灾害问题等。

2. 采用相对严格的乘车舒适度标准

当列车高速进入隧道时，列车前方的空气受到压缩，列车后方则形成一定的负压，这样隧道内的瞬变压力将有一个波动，瞬变压力的变化会造成旅客耳朵的不适，这种舒适度通常采用一定时间内压力单调变化值来进行评估。不同国家采用的舒适度标准不同，有些国家相对严格，而有些国家比较宽松。

中国高速铁路采用相对严格的乘车舒适度标准，双线铁路隧道采用 1.25 千帕 /3 秒，单线隧道采用 0.8 千帕 /3 秒，仅双线隧道在会车时采用相对宽松值 2.0 千帕 /3 秒。

3. 采用较大的隧道断面有效净空面积

高速铁路隧道的净空有效面积的大小与相应的移动设备标准、乘车舒适度标准、防灾救援以及经济性有关，各国采用的标准相差比较大。以日本新干线隧道为代表的采用较小隧道断面积方案，通过提高运营车辆的密封性能，达到节约工程投资目的，日本新干线运营速度 270 公里 / 小时的双线隧道断面净空面积采用 64 平方米。以韩国高速铁路隧道为代表的采用适当加大隧道断面净空面积的方法，缓解高速铁路隧道的空气动力学效应，韩国首尔至釜山高速铁路设计速度 350 公里 / 小时，双线隧道断面净空面积采用 107 平方米。德国科隆至法兰克福高速铁路设计速度 300 公里 / 小时，双线隧道净空面积采用 92 平方米。中国高速铁路是采用相对较大隧道断面净空面积标准的方案，设计速度 350 公里 / 小时的双线隧道净空有效面积采用 100 平方米，设计速度 250 公里 / 小时的双线隧道净空有效面积采用 92 平方米。

4. 采取安全可靠而又相对经济的衬砌结构形式

由于高速铁路的安全性要求极高，隧道的支护结构必须满足安全可靠和耐久性要求。所以中国高速铁路暗挖法施工的隧道均采用复合式衬砌，明挖法施工的隧道采用明洞式钢筋混凝土结构，盾构法施工的隧道采用管片式衬砌。主要施工方法以矿山法为主。复合衬砌的初期支护承担施工阶段全部荷载和运营阶段的主要荷载，二次衬砌作为安全储备，承担由于初期支护可能劣化而作用于二次衬砌上的荷载或由于软岩蠕变、环境条件变化等引起的附加荷载。

5. 采用以方便人员安全疏散为核心的防灾救援系统

中国高速铁路隧道防灾救援系统是按照"列车在隧道内发生火灾时，应控制列车驶出隧道进行疏散；如果列车不能驶出

隧道，应控制列车停靠在紧急救援站进行疏散和救援"的指导思想进行设计。隧道防灾疏散遵循洞外疏散和紧急救援站疏散为主的原则。高速铁路隧道内均设置一定宽度的疏散通道，另外根据隧道的分布情况不同，设置有紧急救援站、紧急出口、避难所等疏散设施。紧急救援站满足火灾和非火灾事故列车停车后人员疏散要求；紧急出口、避难所及横道满足非火灾事故列车人员疏散要求。

6. 采用易于养护维修的无砟轨道结构

由于中国是人口大国，高速铁路客流量巨大，列车运行密度大，可用于运营维护的天窗时间非常短。此外，中国高速铁路隧道数量多、里程长、运营维护工作量也比较大。为尽量减少高速铁路隧道的运营维护工作量，中国高速铁路隧道内采用易于养护的无砟轨道为主的道床形式。设计速度目标值为350公里/小时的高速铁路隧道，全部采用无砟轨道；设计速度目标值为250公里/小时的长度大于1公里的隧道内，一般采用无砟轨道，其他隧道内也可采用有砟道床。

三、高速铁路隧道明星谱

"最长高速铁路山岭隧道"——太行山隧道

太行山隧道位于石太客运专线井陉北车站和阳泉北车站之间，是该线的重点控制工程，隧道通过太行山山脉的主峰越霄山，最大埋深为445米，设计为双洞单线隧道，两线线间距为35米。隧道左线全长27 839米，右线全长27 848米；设计速度目标值为250公里/小时。太行山隧道是目前我国建成的最长高速铁路山岭隧道，也是亚洲最长的高速铁路隧道。

太行山隧道地质结构复杂，极易发生坍塌和大变形。在建设过程中，采用钻爆法施工，全隧设进口1个、斜井9个、出口1个共11处施工通道24个工作面同时展开施工，建设时间约2.5年。太行山隧道施工中的多项技术和组织模式，为国际和国内相关地质条件的隧道挖掘提供了宝贵的参考依据，为我国特长大隧道建设积累了宝贵经验。

图 6.2　太行山隧道出口缓冲结构效果图　中国铁路设计集团有限公司设计并提供

"运营速度最快的水下铁路隧道"——狮子洋隧道

狮子洋隧道建于广深港高速铁路客运专线广州至深圳段，位于广东省中南部，是内地连接香港的快速通路。

狮子洋隧道是我国也是目前世界上通行速度最快的水下铁路隧道。建设中，隧道水压高、地层渗透性大，设计采用洋底"地中对接、洞内解体"的盾构施工方法亦为国内首创。

狮子洋隧道三次穿江越洋，在国内成功实现从"过江"到"跨海"，它有两大技术亮点：

一是国内里程最长。狮子洋隧道是广深港专线中的一段，全长10.8公里，其中海底部分3.3公里，最深处位于海面以下60米。隧道穿越小虎沥、沙仔沥和狮子洋三条水道。它是目前国内里程最长、建设标准最高的第一座水下铁路隧道。

图 6.3　施工中的狮子洋隧道

二是世界速度最快。狮子洋隧道设计时速 350 公里，可以比肩英法海峡隧道、东京湾海底隧道、丹麦瑞典海底隧道等世界级海底隧道。尤其是在时速上，狮子洋隧道具有明显的优势。

狮子洋隧道的建成，树立起我国铁路长大水下隧道建设新的里程碑。数百年来遇水架桥的思维正在被打破，从大江大河乃至海底下穿越已成为建筑业新的发展领域。这也为类似的更长、更高水压、长大海底隧道建设奠定了坚实的技术和管理基础。

"黄土地区最长的高速铁路隧道"——张茅隧道

张茅隧道全长 8 483 米，是郑西客运专线全线最长的隧道，也是目前世界首座在湿陷性黄土上建设的设计时速 350 公里、最大开挖面积 164 平方米的特长富水铁路隧道。

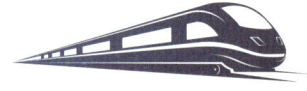

图6.4 张茅隧道进口软岩台阶法施工

由于隧道部分地段位于地下水位以下，开挖和运营均在饱和黄土内，对隧道处理土体稳定要求极高，对无砟轨道工后沉降控制极为严格。针对如何防止施工中隧道基础受水浸泡而影响基底承载力和隧道长期在饱和黄土环境中运营、列车震动对基底黄土的影响是否会形成造泥现象等难题，设计人员进行了多种设计方案的比选，为解决难题创造了条件。张茅隧道在大断面黄土隧道设计技术上取得了重大突破，为在黄土地区设计高速铁路奠定了坚实基础。

"跨度最大的多线城市隧道"——石家庄六线隧道

石家庄六线隧道，又称石家庄铁路入地工程，是京石客运专线的工程之一。隧道位于中国河北省石家庄市二环路以内，原有京广线东侧，呈南北走向，全长4.98公里。北端为四线隧道，包括京广线双线和京广高铁双线；起点以南700米处石济客运专线双线并入，以南至终点为六线（局部七线）隧道，

图 6.5　石家庄六线隧道上方地下空间利用工程效果图

南端隧道出口连接新建的石家庄客站。

隧道主要采用明挖法施工，下穿石太直通线采用暗挖施工，下穿裕华路和中山路采用盖挖法施工。隧道于 2009 年 4 月开工，2012 年 12 月随京广高铁北京至郑州段启用。2014 年 12 月 21 日，京广既有线也改入地下运行。

第二节　隧道构筑物与列车风的较量
——高速铁路隧道设计

高速铁路线路以高平顺性作为控制条件，线路平纵断面标准高，截弯取直的隧道在复杂地段尤其是山区地段受到了铁路设计师们的青睐。我国已开通和在建设计速度 350 公里 / 小时、250 公里 / 小时的高速铁路，隧道长度占线路长度分别达到了 7.2% 和 20.6%，比既有铁路隧道长度占线路长度约 4.0% 的比例明显提高，且高速铁路以长大隧道居多。

速度的提高对隧道产生了哪些"不适应性"？为此铁路工程师们在高速铁路隧道设计中又做出了哪些改进和措施以应对这些"不适应性"呢？

一、洞口位置的选择

洞口是洞身和洞外衔接的最主要的部分，作为进出隧道的咽喉和施工的主要通道，范围较小，移动面窄，有关工程集中，且常在路线转换方向的附近，因此在隧道定线时，若不充分注意，仅照顾了洞身的位置条件，而忽视了洞口位置的选择和对洞外有关工作的处理，就会对隧道的施工工期、质量和安全产生重大的影响。

高速铁路隧道洞口的位置，根据当地地形、地质、水文、周边环境等条件，结合工程运营安全、施工安全、空气动力学效应、环境保护、洞口相关工程（与洞口外桥梁和路基的连接、坡面防护、洞口排水、施工场地及便道引入、弃渣处理、施工干扰）等因素，在安全技术经济综合比选基础上合理确定。

一般情况下，铁路工程师们在进行高速铁路隧道洞口位置选择时会同时做出以下几个方面的选择：

第一，会将洞口位置选在山体稳定、地质条件较好、排水有利、有足够宽度的山嘴处，他们会尽量避开沟谷低洼处和汇水沟处。一般来讲，洞口段地质条件复杂，围岩破碎，岩体完整程度较差，节理、裂隙、层面较多，结构松散、碎裂，岩石坚硬程度也随之降低，多以风化岩为主，这些因素往往会诱发崩塌，甚至会导致滑坡。因此，洞口的最佳位置是设在山体稳定、地质条件良好的地段，避开滑坡、崩塌等不良地质地段。

第二，会让洞口位置尽可能与地形等高线大角度相交，特别是在土质松软、岩层破碎、构造不利地段，以免边仰坡开挖过高。隧道进洞是以正交方式、斜交方式还是以平行方式与坡面交叉，也是在洞口设计中需要考虑的一个重要因素。进洞时，隧道洞口的中线与等高线交叉角度过小，开挖后增加了不

同层理岩体的临空面,使过多的不同岩性、不同岩石强度的围岩暴露在外,就会不利于洞口边仰坡的稳定。

第三,垭口沟谷在地质构造上是最薄弱的一环,节理发育,常会遇到断层、褶皱、冲击土等松散地质,地质构造大多较为软弱、破碎,地质条件复杂多变,常常是问题最多、病害最多、施工最困难的地方。所以高速铁路隧道洞口大多都不设在垭口沟谷的中心或沟底低洼处。

此外,洞口位置应结合洞外边坡、仰坡开挖高度、弃渣、施工场地及地物等因素综合考虑。但高速铁路由于平面曲线半径大,洞口选择自由度相对较小,往往难以完全满足上述所有要求,致使隧道洞口经常出现浅埋、偏压、一侧露空、山体稳定性差、无洞口施工场地等情况,此时应该根据具体情况采取合适的处理措施。

二、洞门设计

高速铁路隧道洞门可以起到减少洞口土石方开挖量、稳定边仰坡、引离地表水流、装饰洞口等作用。隧道洞门建设要考虑生态和环境保护的有关要求,但铁路隧道门的结构形式几十年来基本没有太大变化,主要分为墙式洞门和切削式洞门两种,见表6.1。

墙式洞门是我国铁路隧道的传统洞门,其组成主要为端墙、翼墙、挡墙等挡土结构。端墙式、挡(翼)墙式、柱式、

表 6.1 墙式洞门适用条件及其特点

洞门形式	适用条件及特点
端墙式洞门	地形开阔,石质较稳定的地区,由端墙和洞门顶排水沟组成。
翼墙式洞门	洞口地质较差,山体纵向推力较大时,在端墙式洞门的单侧或双侧设置翼墙。
柱式洞门	洞口地形陡峭,仰坡有下滑的可能性,又受到地形或地质条件的限制,不能设置翼墙时,可在端墙中部设置2个(或4个)断面较大的柱墩,以增加端墙的稳定性。
台阶式洞门	当洞门位于傍山侧坡地区,洞门一侧边仰坡较高时,为了提高靠山侧仰坡起拔点,减少仰坡高度,将端墙顶部改为逐级升高的台阶形式。

台阶式洞门都是墙式洞门的常见形式。传统墙式洞门的设计主要考虑洞口开挖的挡土功能，较少考虑对洞口环境的保护和美化，少数洞门需要进行美学处理时，主要采用片石镶面或者在既有端墙结构上进行局部造型处理。同时，墙式洞门施工过程中，需不同程度地对洞口边坡和仰坡进行永久刷坡处理。

墙式洞门目前仍是高速铁路隧道的主要洞门形式之一，主要适用于地形较为陡峭、偏压较大或横断面地形复杂的洞口。

人们对洞门建筑的要求已不仅仅停留在结构的功能上，而对美学和环境的要求越来越重视，力求达到建筑学、园林学、景观学和力学的完美统一。随着人们环保意识的提高和隧道施工技术的进步，不刷坡或少刷坡、凸出式的切削式洞门有长足的发展。

切削式洞门主要包括直切、正切、倒切、弧形挡墙几种结构形式。这些新型洞门具有挡土挡水、维护山体平衡、洞内外衔接、铭牌标识、美学及景观等多种功能。切削式洞门开挖量小、洞口圬工少，其建筑形式简约、装饰性建筑可繁可简，利于洞口周边环境保护，美观大方、自然，并且能够适应维持洞口山体稳定、环境保护的要求。切削式洞门简洁大方，美观实用，不仅体现环保和生态理念，而且有利于缓解高速铁路隧道空气动力学效应，已成为高速铁路隧道洞门的主导形式。

三、隧道结构设计

高速铁路隧道设计涉及许多内容，包括建筑限界及内轮廓、结构设计、洞门及缓冲结构设计、围岩保护措施设计、防灾救援设计等。

内轮廓设计需要考虑的因素包括：①隧道建筑限界；②股道数及线间距；③隧道设备空间；④预留技术作业空间；⑤机车车辆类型及其密封性；⑥缓解空气动力学效应所需的断面面积；⑦轨道结构形式及其运营维护方式等。

衬砌是指为防止周围岩体变形或坍塌，沿隧道洞身周边用

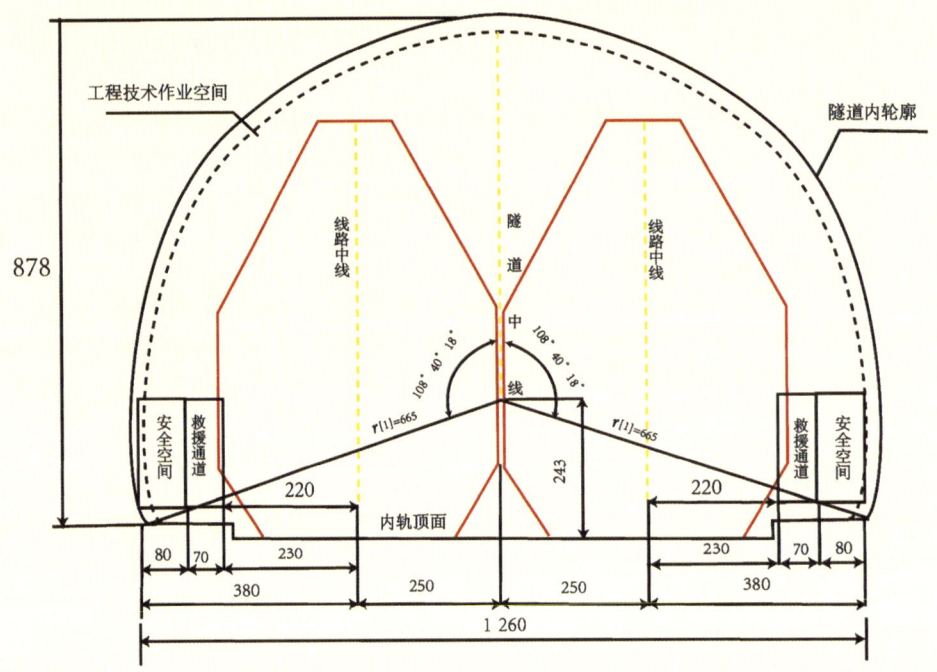

图 6.6　350 公里/小时双线隧道内轮廓（单位：cm）

钢筋混凝土等材料修建的永久性支护结构。在结构设计中，衬砌设计是最重要的内容之一。根据以往的施工经验，在暗挖隧道采用复合式衬砌，明挖隧道采用整体式衬砌，Ⅲ～Ⅵ级围岩隧道衬砌应采用曲墙有拱角的形式，Ⅱ级围岩隧道衬砌应采用曲墙式加底板的形式。

【知识链接】围岩的分级

围岩分级是指根据岩体完整程度和岩石强度等指标将无限的岩体序列划分为具有不同稳定程度的有限个类（级）别，即将稳定性相似的一些围岩划归为一类，将全部的围岩划分为若干类。在围岩分类的基础上再依照每一类围岩的稳定程度给出最佳的施工方法和支护结构设计。

围岩分级是选择施工方法的依据，是进行科学管理及正确评价经济效益、确定结构上的荷载、确定衬砌结构的类型及尺

寸、制定劳动定额、材料消耗标准等的基础。

防灾救援空间的设计是为了应对紧急情况发生，一旦发生火灾等事故，能够保证乘客的生命安全。

通过对隧道结构进行系统地设计，可以提高大断面隧道支护结构的适用性、耐久性，提高复杂地质条件下隧道施工方法的安全性、经济性，提高隧道综合防灾措施的系统性、高效性。

四、隧道空气动力学效应

隧道是一个相对密闭的空间，高速列车进入隧道后将隧道内原有的部分空气排开，由于空气黏性和隧道内壁、列车外表面摩阻力的存在，被排开的空气不能像开放空间那样及时、顺畅地沿列车周侧形成绕流。列车前方的空气受到压缩，而列车尾部进入隧道后会形成一定的负压，由此产生压力波动过程。

这种压力波动以声速传播至隧道出口，大部分发生反射，产生瞬变压力；而另一部分则形成向隧道外的脉冲状压力波辐射，产生一个被称为微气压波的次声波，这种次声波通常被称之为隧道洞口微气压波。另一方面由于列车尾部负压的存在，列车在隧道内的行车阻力进一步增大。

瞬变压力和微气压波的存在，是一件让人头疼的事，因为它们会对高速列车运营、人员健康和环境造成一系列影响。包括，我们在通过隧道时出现的耳膜不适，罪魁祸首就是瞬变压力；而微气压波则会使列车高速驶离隧道时，发出强烈爆破音，产生噪声污染，引起附近房屋门窗的振动，影响洞口环境及人员身体健康。

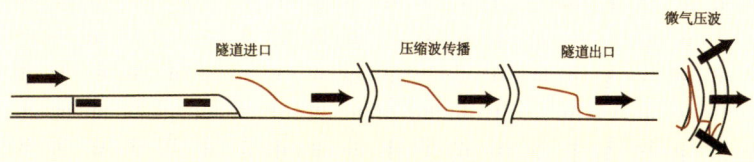

图 6.7 隧道空气动力学效应

影响隧道空气动力学效应的因素主要来自车辆和隧道两方

面:车辆方面包括列车速度、列车横断面面积、列车长度、列车头部形状、列车密封性等;隧道方面包括隧道横断面面积、隧道长度、道床类型、洞口结构、辅助坑道等。

因此,高速铁路隧道设计时,应从车辆、隧道这两个方面采取措施,以减缓空气动力学效应。当列车速度和隧道断面面积确定时,可通过提高列车密封性、改变列车头部形状等手段改善空气动力学效应引起的问题;当列车速度和参数确定时,可通过扩大隧道断面面积、充分利用辅助坑道、设置洞口缓冲结构等手段改善空气动力学效应引起的问题。

国外从隧道设计角度解决空气动力学效应引起的问题,主要通过以下两种途径:一种是以日本新干线为代表,通过提高车辆密封强度来缓解车内瞬变压力,使之满足舒适度要求,同时修建洞口缓冲结构来消减洞口微气压波;另一种以德国高速铁路为代表,主要通过增大隧道净空断面面积来解决。

我国高速铁路的隧道工程中采用增大隧道净空断面面积和在洞口修建缓冲结构的措施来对抗空气动力学效应,进而满足高速运营需求。

第三节 黑暗混沌中开辟出的快速通道
——高速铁路隧道施工技术

中国国土面积大,高速铁路隧道在东北、华北、华东、中南、东南沿海、西南和西北地区均有分布,所通过地形及地质情况异常复杂。东北地区气候寒冷,隧道工程要重点考虑防冻害问题;西北地区黄土分布广泛,要重点解决大断面黄土隧道的施工技术问题;东南沿海地区地层岩性比较坚硬,需要解决火成岩的不均匀风化技术难题;中南地区江河较多,经常遇到长距离穿越江河的技术难题;西南地区隧道岩溶发育,需要攻克岩溶隧道的突泥突水等地质灾害问题。因此,挖一个隧道的难度并不比当年愚公要铲平一座山容易。

另一方面修建高速铁路隧道时，工期往往有限，不可能像愚公那样子子孙孙无穷匮也。所以，我们是采用哪些方法、哪些大型装备，在黑暗混沌之中快速开辟出一条通道呢？为了更好地指导施工，避免施工过程中发生地质灾害，保证施工的安全和顺利进行，我们又采用了哪些手段探测施工地段的地质条件呢？

一、主要施工方法

隧道施工方法主要依据工程地质和水文地质条件，结合隧道长度、断面大小、衬砌类型、施工设备、工期要求和施工技术水平等因素综合研究确定。所选用的施工方法既要体现技术先进，同时也要保证经济合理和安全使用。目前高速铁路山岭隧道常用的施工方法主要分为两类：钻爆法（见图6.8）、隧道掘进机法或盾构法。

"钻爆法"从字面上便不难理解，是指采用炸药爆破开挖施工的方法——这得益于诺贝尔先生对炸药的发明，它是在岩层中钻凿孔眼、装入炸药进行爆破开挖的，其主导思想是"化整为零、积零为整"。即先部分开挖，再将各开挖部分连起来，该方法包括全断面法、台阶法、弧形导坑法、交叉中隔壁法等。"钻爆法"是我国目前铁路山岭隧道应用最广、最成熟的施工方法，因其最早应用于矿山采掘的巷道，因而也称为矿山法。矿山法历史悠久，现在人们还习惯将钻爆开挖加钢、木结构临时支撑的开挖方法叫传统矿山法。由于木支撑耐久性差，撤换不安全，目前已很少采用。现在的钻爆法是指用钻爆开挖、喷混凝土、锚杆作初期支护，再施作模筑混凝土二次衬砌的方法。它是按新奥法原理施作的，我国又叫喷锚构筑法，是如今大力推广的方法。

隧道掘进机法或盾构法机械化程度较高，其原理是通过刀具切割岩体全断面整体向前推进。盾构隧道施工法是指使用盾构机，一边控制开挖面及围岩不发生坍塌失稳，一边进行隧道掘进、出渣，并在机内拼装管片形成衬砌、实施壁后注浆，尽

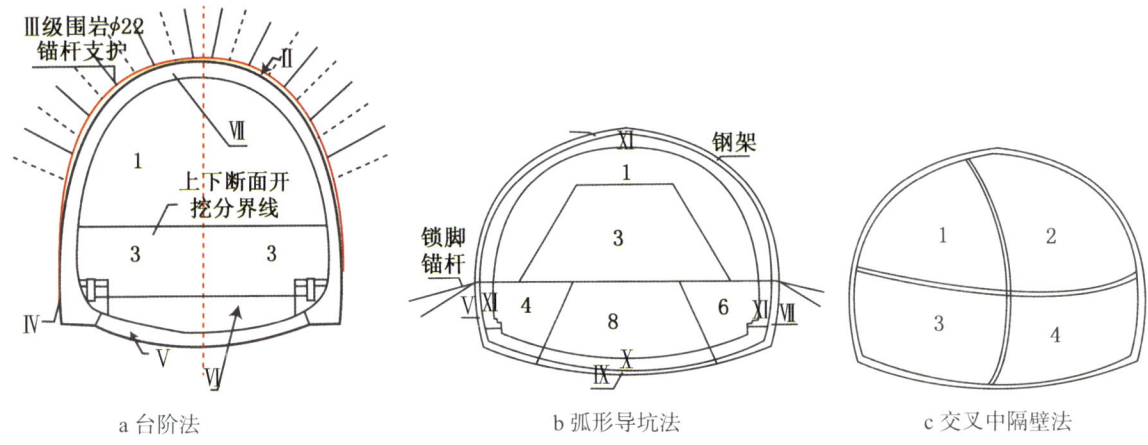

图 6.8 钻爆法示意图（图中数字表示施工顺序）

量不扰动围岩的情况下修筑隧道的方法。掘进机法是挖掘隧道、巷道及其他地下空间的一种方法。该方法是用特制的大型切削设备，将岩石剪切挤压破碎，然后，通过配套的运输设备将石渣运出。

此外，当隧道穿越江、河、湖、海的水底地层，也可用沉埋法。就是将箱形或管形水泥混凝土构件事先预制好，再分段沉埋至河底或海底而构成隧道的施工方法。

二、主要施工装备

隧道掘进机是利用回转刀具开挖，同时破碎洞内围岩及掘进，形成整个隧道断面的一种新型、先进的隧道施工机械。在我国，习惯上将用于软土地层的隧道掘进机称为盾构，将用于岩石地层的称为掘进机（tunnel boring machin，TBM）。

盾构机是一种使用盾构法的隧道掘进机。用盾构机进行隧洞施工具有自动化程度高、节省人力、施工速度快、一次成洞、不受气候影响、开挖时地面沉降可控、减少对地面建筑物的影响和在水下开挖时不影响地面交通等特点。在隧洞洞线较长、埋深较大的情况下，用盾构机施工更为经济合理。

掘进机是全断面开挖隧洞的专用设备。它利用大直径转

动刀盘上的刀具对岩石的挤压、滚切作用来破碎岩石。美国罗宾斯公司在1952年开始生产第一台掘进机，20世纪70年代以后，掘进机有了较快的发展。隧洞掘进机开挖比钻爆法掘进速度快、用工少、施工安全、开挖面平整、造价低，但机体庞大、运输不便，只能适用于长洞的开挖，并且本机直径不能调整，对地质条件及岩性变化的适应性差，使用有局限性。

图 6.9 掘进机

铣挖机采用世界领先的尖端技术生产，可安装在任何类型的液压挖掘机上，高效替代挖斗、破碎锤、液压剪等通用配置，应用于露天煤矿、隧道掘进及轮廓修正、渠道沟槽铣掘、沥青混凝土路面铣刨、岩石冻土铣挖、树根铣削等多个领域，

铣挖机为隧道开挖提供了一种崭新的施工方法。与隧道开挖的其他方法相比，铣挖机的优势在于它的开挖费用很低，但是铣挖机只适用于适度的中低硬度岩层。

三、超前地质预报技术

地质勘查是铁路设计、施工前必须要开展的工作，这一方面是为铁路设计选线提供必要的地质信息，另一方面也可以由此确定合适的施工方案。以目前隧道地质勘查手段，要在施工前获得足以进行细部设计的地质信息存在困难也是不够经济的。因此必须要通过施工阶段的超前地质预报、现场监控量测优化隧道设计方案，确定更符合围岩动态变化的支护参数和施工方法，进而指导现场施工。因此，超前地质预报是隧道施工中必不可少的环节，对隧道信息化施工、灾害防治和安全保障具有重要作用。

超前地质预报的内容包括地质分析与宏观地质预报、不良地质及灾害地质超前预报和重大施工地质灾害临警预报三个方面。通过预报开挖面前方的围岩级别和稳定性、预报开挖面前方岩性变化和不良地质体的范围，可以提出施工预防措施。针对开挖面前方有可能引发的大规模突水、突泥、坍塌、冒落、变形、瓦斯爆炸等重大地质灾害建立预警预报系统，评判其危险程度，提出施工方案对策。

超前地质预报方法主要有地质分析法、超前平行导坑法、超前水平钻孔法、物理探测法和特殊灾害地质的预测方法五种。

超前地质预报，主要预报前方存在的断层、不同岩类接触界面（特别不溶盐岩与可溶盐岩间的接触界面），隧道前方围岩的稳定性及失稳破坏形式等。这是最基本的方法，其他方法均以此为基础，方法简单，实用性强。

超前平行导坑法，利用已有平行隧道地质资料进行隧道地质预报，隧道施工期利用超前施工的平行导坑所遇地质情况推测正洞将遇到的地质情况。该方法直接、有效、准确率高，平

行导坑超前对正洞施工的指导作用强。

超前水平钻孔法，通过钻孔钻进速度测试和所采取岩芯的观察及相关试验获取隧道掌子面前方岩石的强度指标、可钻性指标、地层岩性资料、岩体完整程度指标及地下水状况等诸多资料，是最直接的方法，但有时会导致判断失误，且钻孔费用昂贵。

物理探测法，主要利用声波、超声波、电磁波及地震波在地层中传播、反射，通过信号采集系统接受反射信号，判断隧道掌子面前方可能存在的岩溶、断层、含水体等危险以及它们距掌子面的距离。这类方法的优点是快速、超前探测距离大、对施工干扰相对小、可以多种技术组合应用。但物理探测法的应用受环境及经验的影响，准确解释物探资料具有一定的技术难度。因此存在一定局限性，在地质超前预报中应进一步结合地质理论，提高物探成果解释水平。工程中常用的物理探测方法有：TPG12隧道地质预报系统、TSP（tunnel seismic prediction）超前预报系统、水平声波反射法、地质雷达法、红外探水法。不同物理探测法的原理及特点详见表6.2。

在断层破碎带、溶洞、暗河、岩溶陷落柱和岩溶淤泥带出

表6.2　不同物理探测法的原理及特点

方法	预报范围	原理	特点
TPG12隧道地质预报系统、TSP超前预报系统	100~200米	该系统是专门为隧道施工中长距离地质超前探测而设计的。在隧道的左边墙或右边墙上布置一定数的炮孔，通过小药量激发地震产生地震波（弹性波），地震波在岩石中以球面波形式传播，遇到岩石波阻抗差异界面（例如裂隙带、断层或岩层变化等），有一部分信号会发生反射。	预报距离长、快速评估；工序复杂。
水平声波反射法	50~70米	本方法探测的物理前提是岩体间或不同地质体间明显的声学特性差异。测试时，一般用大锤敲击或爆破作震源，发射低频声波信号，在另一点接收反射波信号。	

续表

方　法	预报范围	原　理	特　点
地质雷达法	10～20 米	地质雷达法检测是利用超高频电磁波探测介质电性分布的一种地球物理方法。雷达工作时，向地下介质发射高频电磁脉冲；高频电磁波以宽频带短脉冲的形式，在介质表面通过发射天线将信号传入介质内部，电磁脉冲遇到不同电性介质的分界面时即产生反射或散射。经媒质界面或目标体反射后返回地面，由接收天线接收，地质雷达接收并记录这些信号。	预报距离短、精度高。
红外探水法	约 30 米	在隧道中，围岩每时每刻都在向外发射红外波段的电磁波，并形成红外辐射场。岩层在向外发射红外辐射的同时，必然会将内部的地质信息传递出来。由于干燥无水的地层和含水地层发射不同的红外辐射，同时地下水的活动会引起岩体红外辐射场强的变化。红外探水仪通过接收岩体的红外辐射强度，根据围岩红外辐射场强的变化来确定掌子前方或洞壁四周是否有隐伏的含水体。	方便快捷、省时省工、适用性强；但是在探测过程中，存在多种干扰因素，如人为因素、探测面出水周围灯泡发热影响等因素。

现之前，一般都会出现各自的明显或不明显的前兆标志；这些标志的出现，常常预示前述不良地质体已经临近了。

基于大量的国内外调研和对超前地质预报技术的理解，今后隧道超前地质预报技术的四个主要研究趋势和方向包括：隧道施工定量化超前预报理论与技术的发展深化、隧道掘进机（tunnel boring machine，TBM）施工隧道超前地质预报技术与装备、随钻或钻孔精细超前探测理论与技术、实时超前地质预报与施工灾害监测技术。

第四节　长大隧道里的"出气孔"和"逃生道"
——高速铁路隧道运营安全保障与防灾救援技术

高速铁路主要面向客运，"安全"是高速铁路运营的最基本也是最重要的要求，其次才是"快速"和"不间断"。而事实是铁路运输相比于公路运输和航空运输，也确实是安全性最

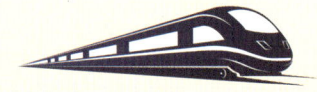

高的交通工具。

隧道和一般路基、桥梁上的线路不同的是，隧道是一个相对密闭的空间，黑暗、狭窄，在这样一个闭塞的空间内万一发生紧急事故，我们该如何逃生？当高速铁路隧道内发生火灾，烟雾会迅速充满整个隧道，造成呼吸困难。如果不能及时疏散车内人员，后果将难以想象，此时我们又该怎么办呢？

请放心，不管是从安全角度出发，还是本着以人为本的设计理念，高速铁路工程师们在隧道设计的时候就考虑过上述种种问题，并为隧道配备了相应的设施，以保证每一个乘客的安全，实现安全第一要义的宗旨。

一、避车洞

由于隧道内光线比较暗，且高速铁路行车速度快，因此我们往往看不见隧道里的具体结构和设备。实际上在隧道两侧边墙上，每隔规定距离会设置洞室以保证洞内行人、维修人员的安全，并存放一些维修设备（小车、料具）。这些在隧道两侧边墙上交错修建的供人员躲避及放置车辆、料具的洞室叫避车洞。

图 6.10　避车洞实景图

避车洞根据其断面尺寸的大小分为大避车洞及小避车洞两种。在碎石道床的隧道内，每侧相隔 300 米布置一个大避车洞，在整体道床的隧道内，因人员行车待避较方便，且线路维修工作量较小，可相隔 420 米布置。无论在碎石道床或整体道床的隧道内，每侧边墙上应在大避车洞之间间隔 60 米（双线隧道按 30 米）布置一个小避车洞。

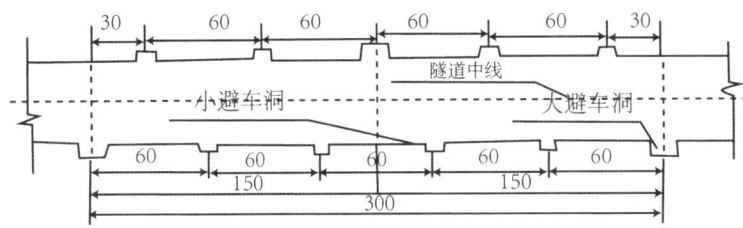

图 6.11　碎石道床大、小避车洞平面图（单位：m）

二、通风风井

铁路隧道通风是解决内燃、蒸汽机车在铁路隧道内排放有害气体、污染与危害养护维修人员和机车车辆乘务人员身体健康等问题的有效措施，同时也可减缓隧道内结构物、钢轨、扣件等设备腐蚀程度，并对改善机车燃烧状态，提高机车牵引力有一定的作用。在不同机车类型排出的多种有害物质中，蒸汽机车所排出的浓度最高和危害最大的为 CO，内燃机车为 NO_2。为了避免隧道内多种有害气体对人及物质的侵害，必须进行铁路隧道通风。

铁路隧道通风方式的选择是铁路隧道通风设计工作的重要组成部分。目前铁路隧道通风按照通风方式分为自然通风和机械通风。

铁路隧道自然通风是指利用自然风和列车的活塞风将隧道内的污浊空气及时排出的通风方式。铁路隧道由于洞外和洞内的气温不同以及隧道两端海拔高度不同，产生气压差，引起铁路隧道内空气的流动。尤其是列车通过单线隧道时，会产生与列车同方向的气流，即活塞风。这些因素引起的空气流动均称

为自然通风。铁路隧道自然通风方式一般适用于短距离隧道，隧道长度一般在 1.5 公里以下。

铁路隧道机械通风一般采用纵向通风方式，即利用风机将隧道内的污浊空气从隧道一端吹向另一端，机械通风设施主要有风机、通风机房、动力设备、通风道以及帘幕等。风机等通风设备一般多设在低隧道口处。按照相关规定在 1.5～3 公里的铁路隧道可采用机械无幕帘通风方式；3～4 公里铁路隧道在条件允许的情况下宜采用机械幕帘通风；4～7.5 公里铁路隧道应采用机械帘幕通风方式；7.5 公里以上特长铁路隧道通风，由于受到列车通过时间间隔以及机械通风风速的影响，必须在列车行车间隔时间内排出隧道的污浊空气，一般采用纵向分段式通风，即利用隧道的竖井、横洞或斜井等作为通风道，利用铁路隧道内分段设置的风机，进行铁路隧道送排风。

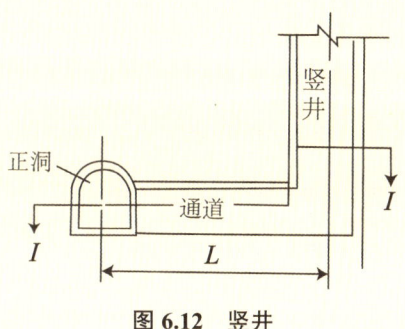

图 6.12　竖井

隧道运营通风的设计将直接影响隧道的运营环境、救灾功能以及运营效益。我国铁路隧道通风的关键技术取得了很大的进展，其对铁路隧道通风设计充分发挥了指导作用。

三、疏散通道

我国在建、规划的长大铁路隧道近年来逐渐增多，隧道长度的增加导致列车在隧道内行驶时间变长。由于隧道是一个半封闭空间，隧道内一旦发生火灾，燃烧迅猛，温度和烟雾都会迅速扩散，危害严重，疏散困难，因此长大隧道的疏散救援和防灾设计越来越受到人们的关注。

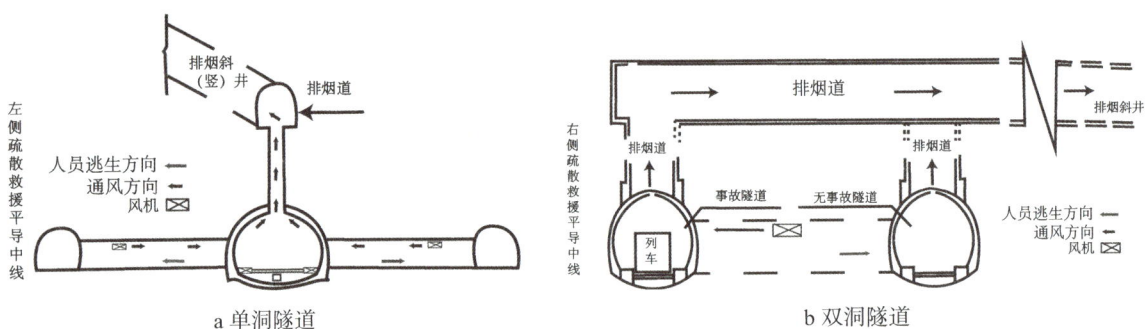

图 6.13 隧道救援通道布置形式

铁路隧道内发生火灾可分为两种情况：①列车在隧道外发生火灾，由于不可控原因最后停在了隧道内；②列车在隧道内发生火灾，由于不可控原因未驶出隧道。特长隧道内发生火灾，将对人员逃生疏散造成极其不利的后果。

在我国高速铁路技术发展历程中，安全始终是不变的、首要的要求。疏散通道的设计、布置关系到紧急情况下人员的生命安全。一旦发生事故，救援通道就会成为我们生命的指路灯，是我们最信赖的伙伴。

第七章

高速铁路站场技术

第一节　高速线路上的驿站

第二节　驿站的选址

第三节　高速列车的休息室

第四节　城市交通的汇集点

第一节　高速线路上的驿站
　　——高速铁路车站

近几年，高速铁路的快速发展，一座座风格各异、赏心悦目的现代化高速铁路车站在神州大地上拔地而起，犹如一颗颗闪亮的明珠，成为城市的新景观。

我国高速铁路车站可分为改建的既有车站（老站）和新建的高铁车站（新站）两类。老站是在既有车站基础上，升级改造而来的火车站，如南京站等；新站是结合高铁运行速度、城市发展规划、人文地理环境等要求新建铁路的客运站，如广州南站、南京南站等。

南京南站于 2008 年开工，2011 年 6 月启用，占地 200 万平方米，相当于近 5 个天安门广场的面积，是华东地区最大的交通枢纽，也是全球第一个"桥建合一"的车站。

图 7.1　南京南站

南京南站主站房秉承古城新站的理念，以中国古典建筑构成元素为基础，柱廊、斗拱、双重屋檐，方正刚毅的直线和简约优雅的曲线营造出传统建筑的壮美神韵和现代化铁路车站的恢宏气势，完美地体现了古都南京浓郁的地域风格和特有的尊贵气质。

南京南站南北两侧主要入口分别采用了8根和6根高大的列柱作为空间构成元素，既突出了建筑的庄重感，又形成了强烈的视觉冲击。北入口六根立柱寓意"六朝古都文脉"，南入口8根立柱寓意"笑迎八方宾朋"。

南京南站将"山水城林"的和谐意境融入现代交通建筑中，屋顶挑棚的方正质朴，列柱空间的巍峨大气，都给人以历史时空的纵深体验；城墙肌理的外墙形式、层层叠叠的檐下空间、柱顶交织的穿插木构，使建筑形态与城市特质的深层契合，赋予南京南站浓厚的地域风格和独特气质。站台雨棚采用片状组合形式，顶部设侧向的通风和采光带，既可避免阳光直射，又能获得柔和的自然光线，形成美轮美奂的光影效果。

图 7.2　广州南站

广州南站是目前全国最大的火车客运站，总建筑面积61.5万平方米，站房面积48.6万平方米，28股道。整体建筑总投资130亿元人民币，总用钢量达7.9万吨，约为国家体育场——鸟巢钢结构的1.7倍。广州南站的建筑造型是绿叶花街，以一片片的芭蕉叶为基本单元。通过中央采光带的串联，形成极具特色的建筑形态。

在这一章中，我们会对高速铁路车站这个"庞然大物"进行详细的介绍，带你走进它的内部，一同探究其功能、构成。

一、高速铁路车站的类型

我国高速铁路的运营模式目前尚未完全确定，部分高速线上既要开行高速列车，又可能要开行中速列车，高中速列车可在高速铁路和既有线间跨线运行。因此，我国高速铁路车站主要分为越行站、有客运作业的中间站、枢纽站、始发及终到站四类。

1. 越行站

利用越行站可以使同一线路上的快车超过慢车。越行站设置在双线铁路上，主要办理同方向列车的越行，必要时办理反方向列车的转线，一般不办理客运业务。越行站应有到发线、旅客乘降设备、信号及通信设备、技术办公房屋等。在我国高速铁路上，越行站数量极少。

2. 中间站

中间站一般位于高速铁路中间，不办理列车始发终到作业。

高速铁路上设置的中间站主要进行下列作业：高、中速列车的停站或不停站通过；中速列车或低等级高速列车待避高等级高速列车；办理高、中速列车的客运业务，如售票、旅客乘降等；在枢纽站及始发终到站存车线不足条件下，可能有少量的高速列车夜间停留。

3. 枢纽站

枢纽站一般位于铁路枢纽或省会、直辖市，有大量的列车

图 7.3　郑州枢纽站

始发和终到作业，但不办理动车组的日检等技术作业，如郑州站。

高速铁路枢纽站主要办理大量停站高、中速列车到发作业；办理少量高、中速列车通过作业。同时，枢纽站一般会办理较多的高速列车始发终到作业，部分会办理动车组合并或分解作业。

4. 始发及终到站

始发、终到站位于高速铁路起终点，有大量列车始发终到作业和动车组的技术作业，需考虑大量旅客换乘作业，如上海虹桥站。

高速铁路始发、终到站主要办理高速列车的客运业务和旅客中转换乘作业；办理高速列车的技术作业，如列车接发、动车组出入段取送、技术检查等；办理高速列车车底的整备作业，如车底的清洗、检修、整备等；还办理动车组合并或少量的分解作业。

图 7.4 虹桥站及站场全景

二、高速铁路车站内的客运设备

1. 站台

按照站台与线路钢轨顶面的高度差值，可以将站台分为三种：低站台（高差为 300 毫米），一般站台（高差为 500 毫

图 7.5 高速铁路车站站台

米）和高站台（高差为 1 100 毫米）。

高速铁路车站站台高差为 1 250 毫米，因此属于高站台。另外，高速铁路车站站台宽度一般不少于 20 米。站台上的安全标线距离站台边 1 000 毫米，线宽 100 毫米。

2. 旅客到发线

车站股道包含正线和到发线，正线指贯穿车站的股道，在车站中是引出到发线、机走线的母线；到发线指靠近站台的股道，在车站中是办理旅客到达、发送的股道，见表 7.1。车站股道有些只有到发线，有些到发线、正线都有。

表 7.1　部分高速铁路车站股道数

车站	正线（条）	到发线（条）	车站	正线（条）	到发线（条）
西安北站	0	34	郑州东站	2	30
虹桥站	0	30	昆明南站	0	30
重庆西站	2	29	贵阳北站	4	28
杭州东站	2	30	广州南站	0	28
南京南站	0	28	重庆北站	3	26
成都东站	0	26	石家庄站	6	24

3. 雨棚

随着高速铁路建设的发展，无站台柱雨棚越来越多地出现在高速铁路客站中。在柱子截面尺寸和结构上下高度受到限制的情况下，将雨棚柱设置在线路中间，采用大跨度钢结构设计，实现了所有站台无结构柱的理念。

高速铁路车站无站台柱雨棚具有大体量、大跨度、形式新颖、极具现代感的特点，因给旅客带来大方、通透、飘逸的视觉美感和舒适、宽敞的体验效果而得到广泛应用。无柱雨棚跨越整个站台和线路，长度覆盖站台全长，柱子立设于轨道间。

京沪高速铁路上海虹桥站南北无站台柱雨棚位于客站主站房两侧，南北对称。雨棚采用站台无柱化的设计概念，将雨棚

图 7.6 上海虹桥站无站台柱雨棚

柱设置在线路中间,通过大跨度钢结构将各站台上空雨棚连为一体,轻盈通透、宏伟壮观,提高了客运服务水平,美化了旅客候车环境。

4. 跨线设备

跨线设备是站房与站台之间、站台与站台之间来往的通道,立体跨线设备中最常见的有人行天桥和地道。中型车站一般设置立体跨线设备,大型及以上车站需要设置两个立体跨线设备。

第二节 驿站的选址
——高速铁路站场设计

在我国快速城市化的进程中,城市的交通基础设施与空间结构都在经历着巨大转变。近年兴起的大规模高速铁路建设为重塑城市空间结构、完善交通设施系统提供了新机会。高速铁路高速发展时期,高速铁路车站选址会对城市的长期发展产生

巨大影响，所以车站位置的选择需要考虑多方面因素。

对于作为城市门户的高速铁路站，我们常常听到抱怨其位置太偏僻的声音，尤其是这几年新建的高速铁路站，都位于城市边缘。对此各地的旅客朋友或多或少都感到有些困惑。

那么，我国的高速铁路车站到底为什么大多远离市中心呢？高速铁路车站内部的平面、立面布置又是怎样的？

一、高速铁路车站选址

高速铁路车站点选址可以归纳为旧城中心区、新区与机场三种类型，其选址各有利弊，需要对多个因素进行分析，选择最优方案。

1. 位于旧城中心区

国外大部分高速铁路车站位于旧城中心区，一般是利用原有的轨道线路和火车站进行改建，以帮助旧城中心区的更新与复兴。例如，瑞典首都斯德哥尔摩车站位于城市商贸中心，高速铁路车站的改造伴随着周边中央商务区的城市更新，优化了老城地区的宜居度，取得了良好效果。

旧城中心区改造的优势是城市资源相对集中，可以充分利用已有交通网络，容易吸引人流汇集，开发风险相对较小。劣势是开发成本高，旧城用地复杂，基础设施老旧，车站及其设施改造所需的空间较难获取，基础设施更新的成本和复杂度都比新区高很多。

2. 位于机场

高速铁路车站位于机场的例子相对较少，除非是该城市拥有一个以上高速铁路车站。例如，科隆、阿姆斯特丹、巴黎和上海这几个区域中心城市，拥有多个高速铁路车站，且均在机场设有高速铁路车站。这种设置方式的主要目的是便于机场快速连接其他城市交通方式，以扩大空港的时空辐射范围。

3. 位于城市新区

针对我国京沪、京津、沪宁、沪杭、武广高速铁路线沿线城市的统计分析发现，除沪宁高速铁路外，我国城市高速铁路

车站多设置在中心城区外围,以高速铁路车站带动城市扩张和新区发展。

我国在部分高速铁路线路的规划与建设过程中追求建设速度与运行速度,高速铁路建设拆迁难度越小越好,线路越平直越好,因此更倾向于将线路规划偏离城市,避开对沿线城市地区的拆迁和既有站场的改造,造成相当数量的高速铁路车站远离城市中心。从优势上看,新区的土地空间灵活度较高,设施建设成本较低,高速铁路车站周边地区对于高技术企业与房地产具有较大吸引力,为城市经济发展带来新的机遇。

这种情况下的车站选址,想要充分发挥高速铁路的速度优势,必须兴建更多的配套交通设施。然而我国多数中、小城市和部分大城市受到经济发展和规划水平的限制,市内与高速铁路配套的交通设施建设相对落后,或建设时序不合理,能够在高速铁路车站与市中心间建立起轨道交通线的城市并不多,加之很多城市交通拥堵的现象很严重。这种情况使得设在外围的高速铁路车站与市中心联系不便,在一定程度上抵消了高速铁路本身速度快的优势。

二、高速铁路车站的总体平面、立面布置

对于不同类型的高速铁路车站,其总体平面、立面布置也各有差异,几种典型的布置方式如下。

1. 新建高速铁路车站

对于新建高速铁路车站,其平面、立面总体布置有地面站、高架站两种方案。

地面站

采取地面站的方案时,常规的平面是对应式车站,即站房在一侧,具有基本站台和中间站台。相应的立面方案可以采取两站台以一座进站地道和一座出站地道连接的"两地"方式,可以减少旅客克服进出站高度;或者以高架通廊进站上车、地下通道出站的"一天一地"方式;或者以两个高架通廊进出站的方式。

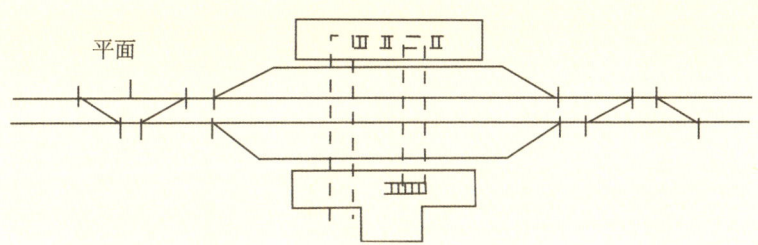

图 7.7 地面站平面布置常规方案

在旅客到发量较大，停站列车较多时，需要采用岛式图形，车站横向用地宽度不足，为避免基本站台与中间站台只夹一股股道的平面布置，可以采用候车室或站房全部建于车站股道之上的方案。

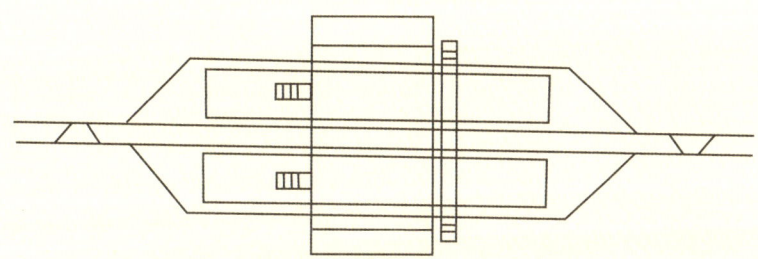

图 7.8 候车室架于车站之上时平面布置方案

高架站

新建车站两端线路因与线路多处道路交叉而设计为高架线路，车站称为高架站。高架站平面布置应该力求简单，其功能仅为到发和旅客上下车，其余设施均不应设在高架站上，以减少桥梁工程。

2. 与既有站紧靠并列设置的高速铁路车站

当高速铁路车站与既有站基本等高时，立面布置为旅客流程以地道连接"低进低出"方案；或布置为以高架通廊进站、以地道出站的"高进低出"方案。后者更适用于客运量大的大型枢纽客站。

当高速铁路车站为高架站与既有站紧靠并列时，可以利用高架站桥下净空作为高速旅客候车或进出站厅；也可以利用既

有站房候车，用高架走廊连接高速站，采用"高进高出"的立面布置。

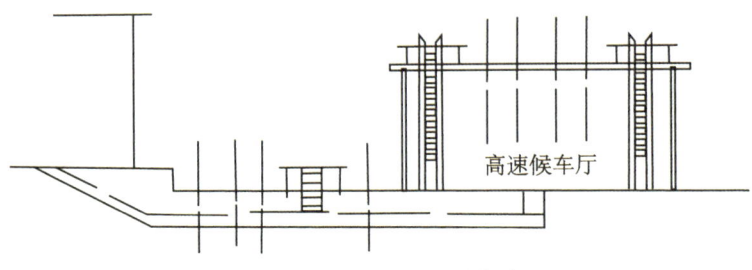

图 7.9　利用桥下净空作为候车厅

3. 利用既有站的高速铁路车站

高速铁路车站利用既有站时，可以分为高速、普速共车场、分车场两种方式。前者基本不改建既有站，原站作为高速与普速列车共用的车站；后者是改建既有站成为具有高速车场和普速车场的车站。

共车场

全部利用既有站、高速正线在站外与既有正线连接、利用既有正线进站，高速正线不直接引入既有站，如上海站。

分车场

利用既有站改扩建，高速正线直接引入车站，与既有正线平行进路通过咽喉区域如北京站。

第三节　高速列车的休息室
——高速铁路车站配套设施

高速列车严格按照时间表，每天准时"上班""下班"，受到风吹日晒雨淋，而且全年无休，在忙碌的时候还要加班，比我们的生活要繁忙辛苦很多。

可以想象，它们"疲惫"的时候也需要回家休息，"生病"的时候也需要有人来照顾。在铁路系统中，动车存车场就是这些高速列车的家，动车段就是属于它们的医院。

那么存车场、动车段设置在哪里呢？它们又有哪些必不可少的设施呢？

一、动车存车场

动车存车场是指存放高速动车组的露天场所。动车存车场根据具体情况设计规模不一，少至几条、多至 40 多条都有；存车线有效长设置为 275～630 米、线间距一般为 4.2～6.5 米。

新建徐州动车存车场是徐州至郑州铁路客运专线（郑徐高铁）引入徐州枢纽的配套工程，占地约 0.14 平方公里，位于徐州东站东南端，东侧为大坝湖水库，西侧为京沪高速铁路，共设 6 条存车线，每条存车线长 650 米，新建信号楼、污水处理厂、配电所、给水加压站、乘务员公寓、职工宿舍等生产生活设施。

徐州动车存车场 6 条存车线都能存车，其中最东侧一条为正线，用于列车驶入驶出存车场；中间三条为专门存车的存车线；西侧两条为洗车线，用于清洗列车。列车从徐州东线新建的行车线可以直接开到存车场里面。

徐州东动车存车场于 2014 年 12 月 10 日开通使用，用于停靠京沪、郑徐线运行的部分动车，大大提升了徐州作为普通铁路、高速铁路"双十字"枢纽的地位。

二、动车运用所与动车段

动车运用所的科学名称是"动车组检修站"，专门针对动车组列车进行检查、测试、维修和养护等作业，属于铁路车辆检修基地的一种类型。动车运用所一般设置在运营动车组的铁路段附近。

因动车组和传统列车在机车构造和车体零件等方面有很大不同，所以要配置动车运用所来专门负责动车组列车的检修调试和保养维护工作，以保证动车组日常的安全运营和高效运输。动车运用所扮演的就是这样一个每天负责车辆状态检查、调试和保养维护的角色，像一位懂些医学知识的保姆一样，它的主要任务是确保动车组有良好的技术状态，防止事故发生，

图 7.10 南京南动车运用所动车组整备作业　罗春晓摄

确保行车安全。

高速动车组的检修频率和标准高于普通客车,检修标准分为五个等级,分别对应一、二、三、四、五级,等级越高,检修要求和标准越高。

一级、二级检修为运用检修,一般在各个动车运用所进行,这也是动车运用所名称的由来。一级检修为夜班检修,一般各个动车运用所设立 2～4 个班组;二级检修由数个班组完成,分为专项修(车辆主体检修)、轮轴组(轮对镟修和车轴探伤)、临修组(大部件更换)、外协单位(对座椅、厕所整治,对车体、车厢深度保洁)。

三级、四级、五级检修为高级检修。此时动车运用所这个保姆的医学知识已不能检查、治愈动车组的身体疾病,需要有更多专业知识和更高技术能力的动车段出诊。动车段是开通动车达到一定数量后组成的铁路局直属生产站段,主要职能机构

有动车运用所、转向架车间、高级修车间、乘务车间、质检车间、技术科等，负责动车组的检修、使用和维护。简单地说就是，动车运用所能做的，动车段也能做；但动车运用所不能做的，动车段也能做。动车段包括动车运用所，概念更大。我国高速铁路共下设12个动车段，包括北京、上海、南京、武汉、广州、沈阳、成都、福州、西安、郑州、哈尔滨、青岛等。

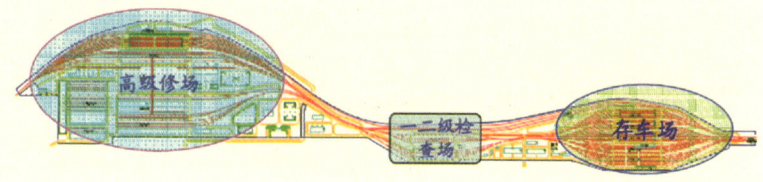

图 7.11　上海动车段总体平面示意图

上海动车段位于上海南翔编组站南侧、曹安路以北1.0公里处，紧邻沪杭既有线，距上海站约13公里，占地约2000亩（1.33平方公里）。重点辐射华东及长三角地区，辐射管理沿江通道东段、浙赣等客运专线、沪宁杭城际铁路等，管辖上海南、南翔、虹桥、杭州等动车运用所。

上海动车段分为运用场和检修场呈纵列式布置，运用场由4条检查库线、预留4线、存车线近期23条、远期39条组成；检修场由8条检修库线、预留2条、转向架检修库、车体喷涂等生产办公房屋组成。

总平面呈纵列式布置，从东至西依次为存车场、运用检查场、高级修场。动车运用检查场西端与高级修场东头间距约1公里，由两条走行线连接。总规模为存车线47条、检查库线8条、检修库线（含调试线）11条、动车动态试验线1条。

段东侧为运用检查场，呈二级二场纵列式布置形式，其中东场（靠近上海站侧）为存车场，近远期存车线均设在此，动车组检查库布置在存车场西侧。

目前段4个动车运用所共有检修线32条、临修线6条、镟轮线6条、存车线156条、洗车线15条。每天一级修能力

124组、二级修能力16组（按8辆编组计算）。

高级修库从北往南依次为外皮清洗线、存车线、调试及三级修库、转向架检修库、四五级解体组装库及部件检修间。其中调试及三级修库为贯通式车库；车体涂装库、车体检修库布置在解体组装库西侧，通过移车台联系。

材料供应中心近期布置在转向架检修库内，材料运输线从段西侧接入，远期检修库需扩大能力时，可将材料供应中心移出设在转向架检修库东侧。与改线前后的沪杭线并行一条设动车组试验线，试验线两端分别与高级修场存车线、东存车场接通。

第四节　城市交通的汇集点
——高速铁路车站综合枢纽

我国《中长期铁路网规划》中明确指出，将构建北京、上海、广州、福州、武汉、成都、沈阳、西安、郑州、天津、南京、深圳、合肥、贵阳、重庆、杭州、南宁、昆明、乌鲁木齐19个综合铁路枢纽。

如果说车站是一条线的节点，那么枢纽便是一张网的节点。但铁路枢纽在铁路网中的意义远大于铁路车站在铁路线上的意义。铁路枢纽是指铁路网的交会点或终端地区，由各种铁路线路、专业车站以及其他为运输服务的有关设备组成的总体。它是一个系统工程，除了涵盖的专业多之外，另一个显著特征则是"大"，即占地面积大，这是多条铁路线路交会带来的必然结果。

随着时代的发展，由于不同交通方式间衔接、连通的需要，在大交通背景之下，近年来铁路枢纽也渐渐开始与公路、航空运输连通，成为真正意义上的综合交通枢纽。

显而易见，枢纽总图规划是一个与时俱进的重要课题，在高速铁路飞速发展的新时代，铁路枢纽设计发生了从"以物为

中心"到"以人为中心"的根本转变。

一、铁路枢纽总图

在新的发展形势下,铁路枢纽总图规划需要根据铁路建设理念,结合铁路网发展规划和运输生产力布局调整,做好点线能力协调和枢纽总体布局,同时要将铁路枢纽作为城市的重要组成部分,做好铁路枢纽规划与城市总体规划的有机结合,确保规划方案切合实际,避免出现批准的规划难以实施的局面。

新形势下铁路枢纽总图规划要符合城市总体规划的新要求,具体来说包括以下几个方面。

1. 重视点线能力协调

我国客货运量的增长速度明显大于铁路网规模的扩充速度,因此必须采取提高双线率、电化率、行车速度、牵引质量,以及改革现行管理体制、调整生产力布局、推行客货分线运输、优化运输组织等措施。铁路枢纽总图规划必须考虑点线能力协调问题,结合铁路网发展趋势要具有前瞻性,将铁路网与枢纽作为一个系统进行研究,在做好新线引入规划的基础上,枢纽综合能力必须适应路网客货运量快速增长的趋势并留有适当储备,以充分发挥铁路网的整体能力。

2. 梳理客货列车径路

主要繁忙干线实现客货分线,特别繁忙区段修建四线或多线,确保客货流主要运输通道畅通,实现旅客运输高速化、大宗货运重载化、高附加值货运集装箱化和快捷化。因此在铁路枢纽总图规划时要重新梳理枢纽内的客、货运通道和主要客、货运站的布局及其分工,尤其是对多线引入的大城市枢纽要重视梳理工作。

3. 优化枢纽内站段布局

随着铁路网规模的扩大、技术装备的提升、管理手段的创新和人员素质的提高,为增强铁路竞争力,必须"加快车辆周转,降低运营成本,保证运达时间,提高服务水平"。

4. 充分结合城市规划

近年来各大中城市都在修编城市总体规划，主要体现在扩充城市规模、优化城市功能、调整产业布局、完善基础设施、提升城市环境等方面，尤其在大城市将加快发展城市轨道交通、城市快速道路等摆在突出地位。铁路枢纽作为城市的重要组成部分，在规划过程中，除研究铁路运输的合理性和经济性外，还需要研究城市总体规划对铁路的影响和需求，在与城市规划部门充分协商、相互理解和调整的基础上，使铁路枢纽总图规划与城市总体规划做到有机衔接，这样才能保证规划方案切实实施。

5. 优化枢纽线站功能

在我国城市发展过程中，期望逐渐形成"物流外移，人流内聚"的效应，在铁路枢纽总图规划中也应体现这种思路。将以通过货物列车为主的线路（包括枢纽环线、联络线）、编组站尽量规划在城市外围；将货运站和货场（包括集装箱中心站）尽量规划在中心城区周边和物流基地；主要客运站应尽量深入中心城区，并与城市综合交通体系有机衔接。

6. 适当调整枢纽布局

一般情况下，地方经济的发展速度与交通运输的发达程度是密切相关的，而铁路作为重要的基础设施，在各种交通运输体系中具有不可替代的作用。许多城市因为有了铁路才得到快速发展，但随着城市规模的不断扩大、城市人口增加，有些既有铁路设施与城市规划产生较大干扰，甚至制约了城市的发展。在铁路枢纽总图规划中，需要与城市规划部门紧密协作，认真研究各种合理可行方案，为了兼顾城市发展和铁路运输的需要，铁路枢纽必要时应进行局部调整。

目前对于铁路枢纽总图规划方案的评价，还没有完善、科学的评价指标体系和评价方法，使得某些铁路枢纽总图规划方案难以进行优劣评判，容易造成过于夸大某方面而忽视其他方面的综合影响因素，从而片面下结论；甚至出现铁路总图方案

与城市总体规划方案整体协调性不够，铁路与地方都只站在自己角度评判总图方案，而铁路方就可能选择最有利于自己的方案，往往造成总图方案是一纸蓝图，可实施性不强。

在新形势下，铁路枢纽总图的规划则应该体现新的理念，也应逐步实现从"以物为中心"到"以人为中心"的根本转变。要求在发展经济的同时充分考虑环境、资源和生态的承受力，维护人和自然的和谐关系。

二、高速铁路车站客流集散

交通集散功能作为高速铁路车站核心功能之一，直接影响车站整体运行和产生的效益。高速铁路枢纽周边的快速集散系统是指枢纽周边的道路基础设施系统。大型高速铁路客运枢纽的客流量一般每天有十几万到几十万，特大型枢纽甚至有百万以上，这些客流除了一部分通过轨道交通集散外，其余的都通过道系统来实现。因此高速铁路枢纽与周边快速集散系统的结合是提高枢纽的可达性、实现枢纽客流高效集散的基础和前提。高速铁路枢纽周边快速集散系统分为高速铁路车站区外部快速集散系统和内部快速集散系统两部分。

1. 外部快速集散系统组织模式

在站区外围快速集散系统中，承担枢纽集散交通的道路类型及其布局模式将会直接影响到枢纽车流的到发效率。我们将枢纽外围快速集散系统的组织分为双环模式、半环模式和单环模式三种。

双环模式是高速铁路车站区外围快速集散系统组织的典型模式，其特点是路网层级分明、级配完善，不同等级道路顺次连接（图 7.12）。双环模式路网组织特征是：以外围高等级城市快速路构筑分流环，分离过境交通和枢纽集散交通；以主干路构筑快速集散环，承担枢纽的到发交通，并与外围快速路之间建立良好的联系；地区开发交通由次干路和支路承担。与铁路相交的城市主干道下穿铁路，联系铁路两边的地区，消除铁路对城市发展的分割现象。国内典型案例有杭州东站、郑州新客站等。

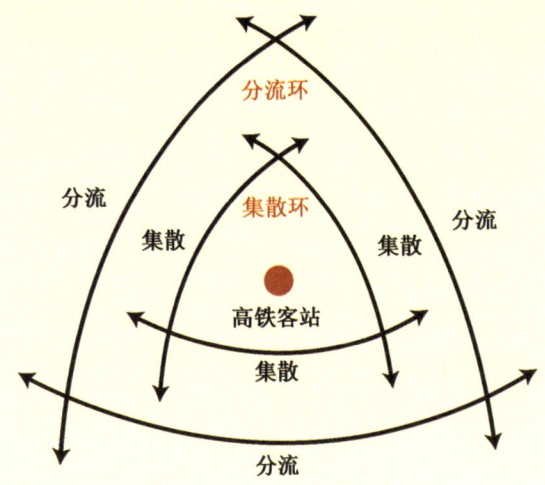

图 7.12 双环模式示意图

半环模式的组织特征基本与双环模式相同，区别在于半环模式的高速铁路车站区旁边有快速路通过，这时分流过境交通的分流环组成不变，而枢纽的集散环由城市主干道和快速路共同构成，外围交通组织呈现半环特征（图 7.13）。国内典型案例有苏州新客站、济南高速西客站、深圳新客站、天津西站等。

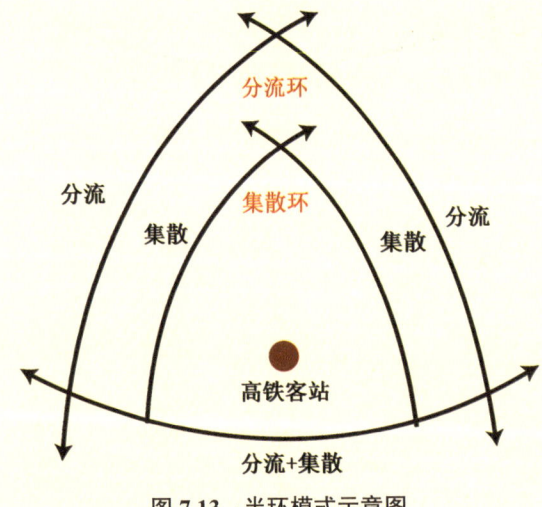

图 7.13 半环模式示意图

单环模式的组织特征：高速铁路枢纽车流的集散不再单纯依靠地面主干道，而是由专为枢纽服务的高架快速集散通道承担；高架集散通道一侧与站房连接，另一侧与外围高等级快速环路直接相连，进站车流可以直接从外围高等级快速路进入枢纽；高速铁路车站区外围的快速环路同时承担分流过境交通和集散枢纽交通的职能；由于享有独立的高架集散车道，因此枢纽的车流集散效率大大提高。单环模式适合规模超大、集成度高、换乘频繁的区域级综合性枢纽。这类枢纽一般集合多种对外交通模式，交通组织非常复杂，因此对客流集散效率要求比较高（图7.14）。上海虹桥枢纽是该模式的典型案例。

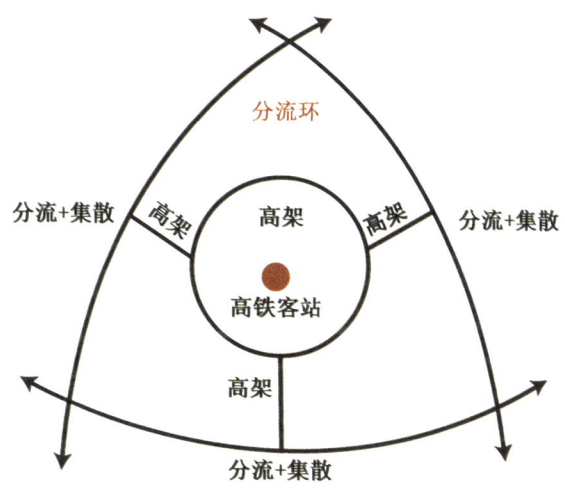

图 7.14　单环模式示意图

2. 内部快速集散系统组织模式

高架进站系统的具体形态多种多样，大体来说可以分为封闭循环式和开放式两种。

封闭循环式高架系统由围绕站房的封闭环形高架车道和放射状的匝道两部分组成。封闭循环式的高架路可以随时调整各方向进出站区的车流，从而有效均衡和缓解四边城市干道的压力。上海南站是国内首次使用环形高架进站系统的案例，在实际使用过程中取得了良好的效果。此后，高速铁路客站示范工

程北京南站的设计中也采用了这种模式。

开放式是高速铁路客站中最常用的高架组织形式。开放式高架系统的高架车道通常位于站房一侧或两侧，由一条或一对高架车道组成。根据与铁路线的关系，开放式高架系统的布局可以分为跨线式和线侧式两种。

三、高速铁路车站综合交通枢纽

虹桥综合交通枢纽是城市交通建设上的一大创新，它将多种交通方式结合在一起，不管是汇集的交通方式的数量还是规模，在国际上都是前所未有的。无论是乘飞机抵达虹桥机场，还是搭京沪高速铁路列车抵沪，都可以方便地换乘轨道交通、长途汽车和公交车。

沪宁与沪杭两条高速铁路由上海的西北和西南分别进入上海市区上海站和上海南站，在上海虹桥国际机场的西侧有一条连接沪宁、沪杭两条铁路的铁路联络线，实际是宁沪杭铁路通道。这是形成虹桥综合交通枢纽的最重要因素之一。

虹桥综合交通枢纽具有高速铁路、城际铁路、高速公路客运、城市轨道交通、公共交通、民用航空等各种运输方式的集中换乘功能，整个交通枢纽集散客流量110万人次/日。主要包括以下几个部分：

机场

在既有的虹桥机场跑道的西侧建设第二跑道及辅助航站楼，整个机场用地约占7.47平方公里，规划旅客吞吐量为3000万人次/年，2020年机场的旅客吞吐量规模约为4000万人次/年。

铁路客站

站场规模按照30股道设计，站场占地约0.43平方公里，保留现状铁路外环线作为货运通道

图 7.15　虹桥机场

的功能，实行客货分流。铁路设施用地（包括站场与线路）约0.9平方公里。高速铁路客运规模为年发送量达6 000万人次旅客，日均16万人次。

长途巴士客站

布局于铁路客站与机场之间，发车能力为800班次/日，远期年旅客发送量达500万人次，日均2.5万人次，高峰日达3.6万人次/日，占地约0.09平方公里。

轨道交通

规划引入4条轨道交通：即2号线、10号线、17号线及机场快速线，形成多线汇聚布局。

虹桥综合交通枢纽在长三角地区将串联起上海、南京、杭州三大都市圈以及沿线苏锡常等经济较发达地区，并促进沿江和长三角地区人力资源的有序流动和集聚，实现长江三角洲商贸、信息、资金以及人力资源的融合与对接。

它的重要性不仅体现在交通枢纽本身，更体现在服务功能上，服务范围包括：上海城市发展的需要、服务长三角区域经济的需要、可持续发展的需要、适应现代化交通发展的战略需

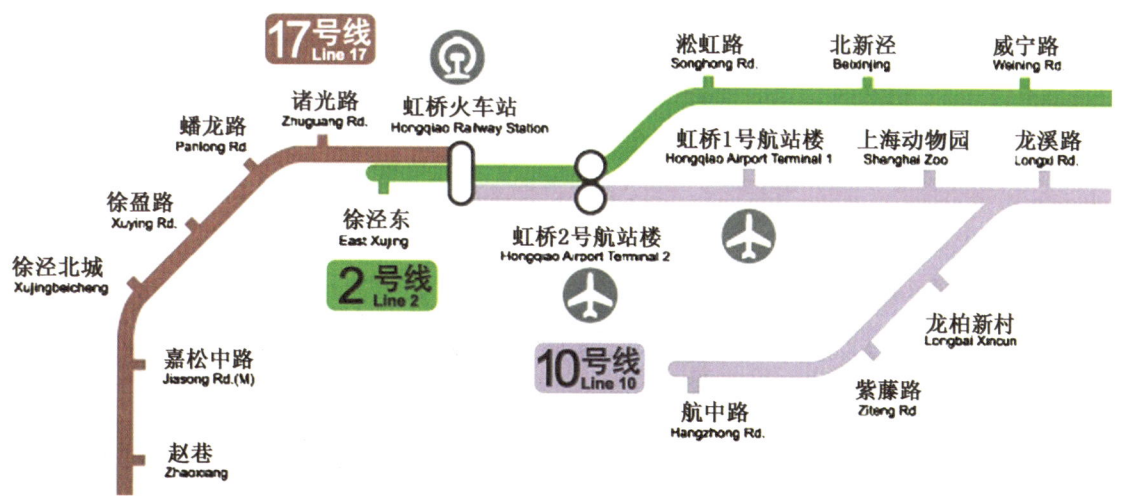

图7.16 虹桥枢纽引入地铁线路（已运营）

要、发展现代物流产业的需要等。

　　虹桥综合交通枢纽的建设为上海市及其周边地区的客运交通系统注入新的强大活力，不但可以综合解决城市交通的诸多问题，使上海市的交通建设持续、健康地发展，也为上海服务全国提供了更可靠的保障。

第八章

高速铁路联调联试技术

第一节　高速铁路竣工的五道门槛

第二节　高速铁路"出生"前的全面体检

第三节　高速铁路线路工程的入学考试

第一节　高速铁路竣工的五道门槛
　　　　　——高速铁路竣工验收

　　工程质量是保证高速铁路安全、正点运营的基础。

　　高速铁路建设是一项超大规模的系统工程，各系统之间关联性强、相互影响、相互制约。因此与传统铁路不同，高速铁路要取得最佳的整体效果，除了质量控制外，还需要反复进行调试。只有各项指标达到设计要求和质量标准后，才能通过验收并开通运营。

　　你知道吗？为了建造出世界上一流的高速铁路，保证高速列车安全、高速、平稳运行，高速铁路工程竣工后，有非常严格的试验检测和验收体系，前前后后需要经历五道门槛才能走上属于自己的舞台与大家见面、服务广大人民群众。所以，我们乘坐的安全、舒适、快速的高速铁路是经历过重重考验后的工程佳作。

　　按照时间先后顺序，高速铁路工程需要经历的五道门槛分别是静态验收、动态验收、初步验收、安全评估和正式验收，统称高速铁路竣工验收。这五次考试间是逐级递进关系，只有通过前一个科目的考试后才能进入下一个科目的考试，这与汽车驾照的逐级科目考试相同。对于前一次考试中暴露出来的问题需要及时整改和完善，五次考试构成了较为完整的考核验收体系，有力保障了高速铁路工程建设质量。

一、竣工验收

　　高速铁路竣工验收是指高速铁路按设计要求建成后，由验收机构对其进行检查评价的过程。

　　高速铁路竣工验收依据国家有关法律、法规；经批准的可行性研究报告、初步设计文件；审核合格的施工图、设备技术说明书；国家和铁路设计规范、工程施工质量验收标准等。对高速铁路工程各个方面开展全面检查和验收，主要包括：

检查工程是否按批准的设计文件建成，配套、辅助工程是否与主体工程同步建成；

检查工程质量是否符合国家和铁路总公司颁布的相关设计规范及工程施工质量验收标准；

检查工程设备配套及装备安装、调试情况，国外引进设备合同完成情况；

检查概算执行情况及财务竣工决算编制情况；

检查联调联试、动态检测、运行试验情况；

检查环保、水保、劳动、安全、卫生、消防、防灾安全监控系统、安全防护、应急疏散通道、办公生产生活房屋等设施是否按批准的设计文件建成、合格，精测网复测是否完成、复测成果和相关资料是否移交设备管理单位，工机具、常备材料是否按设计配备到位，地质灾害整治及建筑抗震设防是否符合规定；

检查工程竣工文件编制完成情况，竣工文件是否齐全、准确；

检查建设用地权属来源是否合法，面积是否准确，界址是否清楚，手续是否齐备。

由于检查范围广、检查历时较长，高速铁路竣工验收采用先期验收、专家检查、政府验收的组织方式。先期验收包括设备管理单位和建设单位组织的静态验收和动态验收；专家检查包括对静态验收、动态验收结果进行评审，为初步验收、正式验收提供专家意见；政府验收包括初步验收和正式验收。

二、静态验收

静态验收，是高速铁路考核验收体系的第一道门槛，所谓"静态"是区分于"动态"的一种定义，铁路上的"动态"是指列车在线路上运行，由此检测到的数据称为"动态检测数据"，由此开展的考核验收称为"动态验收"。因此静态验收是指不需要动用铁路专用检测列车的验收。

静态验收的主要任务是检查和确认高速铁路建设工程有没有按照铁路工程师们的设计完成，且各项建设质量及设备是否合格。它是在施工单位自检合格并且得到监理确认后开展的一项验收程序，属于高速铁路先期验收，由各设备管理单位组织、建设单位配合，参与建设的各方参加。

一般而言，静态验收程序分为验收准备→施工单位验收申请→建设单位验收申请→组织验收→编写报告→专家审查→整改复查 7 个步骤。验收的主要内容包括：

工程是否按批准的设计文件建成，配套、辅助工程是否与主体工程同步建成；

工程质量是否符合国家和铁路总公司颁布的设计规范、工程施工质量验收标准；

工程设备配套及安装、调试情况，国外引进设备合同完成情况；

环保、水保、劳动、安全、卫生、消防、防灾安全监控系统、安全防护、应急疏散通道、办公生产生活房屋等设施是否按批准的设计文件建成且质量合格；

精测网复测是否完成、复测成果和相关资料是否移交设备管理单位；

工机具、常备材料是否按设计要求配备到位；

图 8.1　高速铁路静态验收

地质灾害整治及建筑抗震设防是否符合规定；

竣工文件是否齐全、准确；建设用地权属来源是否合法，面积是否准确，界址是否清楚，手续是否齐备。

在领导小组的组织下，各专业验收组按验收计划确定的时间完成各项检查，包括内业检查和外业检查。对检查发现的问题提出处理意见、整改期限和复检时间等，同时建立问题库及整改销号制度。建设单位在此基础上组织相关责任单位整改；专业验收组按时复查，合格后填写专业工程验收记录。

各专业验收组编写专业验收报告，领导小组及验收工作组汇总、整理并编写综合系统验收报告，形成《静态验收报告》。各专业专家组对静态验收情况及报告进行审查，提出审查意见、存在问题及整改要求，形成审查意见。

设备管理单位和建设单位按照审查意见组织责任单位整改，整改结束后编写整改报告。对暂不影响动态验收和行车安全的工程质量问题，应在初步验收前整改、复验完毕。对确实无法达到设计文件和质量验收标准要求的问题，由设计单位进行检算或委托专业检测机构检测评估，确认影响程度及整改措施。

三、动态验收

静态验收完成后，高速铁路竣工验收进入第二道程序——动态验收，也是五次考试中比较重要的一次。动态验收是对列车运行状态下高速铁路工程质量的一次全面检查和确认，通过运行试验对整体系统在正常和非正常运行条件下的行车组织、客运服务以及应急救援等进行检验，对高速铁路相关系统性能、功能和系统间匹配关系进行综合测试和验证。通过对问题的整改以及系统的调整和优化，使相关系统和整体系统性能、功能达到设计要求。

动态验收的时候，会有一个大明星闪亮登场——高速综合检测列车，又称"黄色医生"。高速综合检测列车是一种带有

各种检测装置和设备的高速列车，由于高速铁路线路是固定不动的，所以对线路的体检只能通过移动的列车实现，因此高速综合检测列车又可以看成是高速铁路的体检列车。一趟车跑下来后，轨道、弓网、信号等设施设备的状态都会以图形和报表的形式直观地向铁路工程师进行展示，以供他们找到工程质量中的不足和缺陷，像医生对着病人体检报告一样，"对症下药"地开展针对性整改。高速综合检测列车是进行铁路基础设施综合检测的重要技术装备，为铁路安全评估和养护维修提供技术支撑。

【知识链接】"黄色医生"外号的由来及中国第一列高速综合检测列车

最早日本新干线开通运营后，一直采用黄色对轨道检测车进行外部涂装，以此与一般运营列车区别。因轨道检测车对铁路的检测诊断功能，因此被称为"Yellow Doctor"，即黄色医生。

中国第一列高速综合检测列车型号为CRH2-010A，在CRH2A型电力动车组的基础上加装检测设备改造而成，于2006年7月31日下线。CRH2-010A高速综合检测列车为8辆编组，采用4动4拖（4节动车配4节拖车）编组。8节车厢内装有信号检测系统、无线场强检测系统、轨道几何状态检测系统、动力学检测系统、弓网检测系统和视频监测系统，同时配有工作人员的办公和休息室。

目前我国专职高速综合检测列车有12组：CRH2A-2010（原编号：CRH2-010A）、CRH2C-2061（原编号：CRH2-061C）、CRH2C-2068（原编号：CRH2-068C）、CRH2C-2150（原编号：CRH2-150C）、CRH2J-0205（原编号：CRH2-139E）、CRH5J-0501（原编号：CIT-001）、CRH380AJ-0201（原编号：CRH400A-001、CRH380A-001）、CRH380AJ-0202、CRH380AJ-0203、CRH380AM-0204、CRH380BJ-0301和CRH380BJ-A-0504。

图 8.2　综合检测车行驶在哈大高铁上　罗春晓摄

这些黄色医生们奔波于中国的各条高速铁路线路上,成为一道亮丽的风景线。

动态验收工作包括联调联试、动态检测和运行试验三大部分。

联调联试是高速铁路开通运营前的技术准备,在高速铁路工程完成静态验收,并确认具备进行联调联试条件后组织实施,由各设备管理单位牵头向铁路总公司提出联调联试申请。联调联试过程采用高速综合检测列车等测试设备,在铁路开通运营前对沿线轨道、接触网、通信、信号等各项设备逐步进行测试,并依据测试结果对发现的缺陷进行调整,直至各个系统以及整体系统满足符合高速运行及动态验收的要求。

动态检测是指采用检测列车、综合检测列车、试验列车和相关检测设备在规定速度范围内,对全线牵引供电、接触网、通信、信号、信息、自然灾害及异物侵限监测等系统,对路

基、轨道、道岔、桥梁、隧道等结构工程，以及振动噪声、综合接地、电磁环境进行综合检测，验证工程的主要功能和性能是否符合相关技术标准和实际运营列车的运行稳定性、平稳性要求。动态检测结合联调联试进行，以联调联试和动态检测的最终结果作为动态检测评价的依据。

联调联试和动态检测工作一般按照现场检测准备和动车组上线条件确认—逐级提速联调联试—信号系统联调联试—全线拉通四步流程开展。其中，试验列车的检测速度应由低向高逐级提速，直至最高检测速度达到高速铁路工程设计速度的110%。即设计时速250公里的高速铁路联调联试和动态验收期间高速综合检测列车的最高速度为275公里/小时；对于时速350公里的高速铁路，则为385公里/小时。若某一速度级的安全指标超限，必须在采取整改措施、安全指标达标后才可以按更高速度级进行检测。所以，我们乘坐的时速为350公里的高速铁路，在它出生时实际已经承受住了时速为385公里的高标准考验。这也充分体现了高速铁路验收工作的严格和严谨性。

运行试验是动态验收工作的最后环节，它是指通过运行图参数测试、故障模拟、应急救援演练、模拟列车运行图行车，检验各系统在正常与非正常条件下的适应性，验证能否符合运营要求，同时检验设备故障、突发事件和自然灾害条件下的应急处理能力。运行试验是动态情况下，对高速铁路更全面、更完整的一种考核。

动态检测和运行试验报告是动态验收的主要依据。动态验收的具体内容结合工程技术标准、线路长度等合理确定。对于在动态验收过程中发现的问题，需要按照对应要求逐一整改，并在初步验收前完成。

四、初步验收

初步验收，是指对高速铁路工程建设情况，以及静态验收、动态验收情况进行确认的过程。

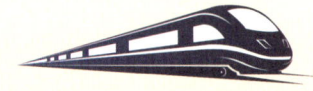

动态验收合格并达到初步验收条件后，建设单位会同设备管理单位向建设管理部报送初步验收申请报告、工程质量监督机构提交《建设项目工程质量监督报告》，建设管理部组织内部相关部门进行研究，认为达到初步验收条件后，向铁路总公司提出初步验收建议及初步验收委员会组成建议。

在高速铁路动态验收合格后一个月内，铁路总公司成立初步验收委员会，由铁路总公司有关业务部门、接管使用单位、其他投资方、高速铁路公司人员，专家组正副组长，以及勘察设计、咨询单位人员组成，在专家组检查的基础上进行初步验收。

五、安全评估

安全评估，是经初步验收合格后，且初步验收发现的影响运营安全的问题得到解决后，对安全管理、设备设施、规章制度、人员素质等是否具备开通安全运营条件进行检查评价的过程。

安全评估由铁路总公司安全监察部门组织，就高速铁路试运营提出安全评价意见，责成高速铁路公司和接管运输单位完善安全措施，完成安全评估工作并按照铁路总公司有关规定进行安全评估，最后形成《安全评估报告》。

安全评估通过后，高速铁路线路就开通亮相和大家见面啦。但就像我们大学毕业后进入社会开始工作前，一般都会有个小试牛刀的实习期一样。高速铁路在通过安全评估后，虽然开通运营，但在没有完成"正式验收"前，我们将通过安全评估后开通运营的这段时期称为——初期运营，你也可以将这一阶段理解为高速铁路的"实习期"，初期运营一般持续一年以上。

六、正式验收

正式验收，是高速铁路竣工验收的最后一道门槛，是高速铁路线路在开通初期运营一年以上由国家主管部门或委托铁路总公司组织对建设项目整体情况进行检查和评价的过程。

开展正式验收的前提条件包括：线路初步验收合格且初期运营一年后；初期运营中发现的问题整改完毕且初期运营状态良好；《国有土地使用证》已经全部领取；环境保护、水土保持经相应行政主管部门验收合格；建设资金已全部到位，按合同与建设各方完成费用结算；竣工决算已经编制完成并上报主管部门审查；档案验收工作已完成。

高速铁路通过正式验收后，即完成了实习期考验，可以真正走入社会、服务社会，在社会这一舞台上绽放自己的风采了。

第二节 高速铁路"出生"前的全面体检
——高速铁路联调联试

一、联调联试的概念与目的

高速铁路联调联试是指在高速铁路工程完成静态验收、确认达到联调联试条件后，采用测试列车和相关检测设备，对高速铁路各系统的功能、性能、状态和系统间匹配关系进行综合检测、验证和调整、优化，使整体系统达到设计要求，满足高速铁路以设计速度开通运营的要求。

具体而言，高速铁路联调联试是以高速铁路开通运营时一次达到设计速度为目标，在工程静态验收合格后，采用检测列车、测试动车组、综合检测列车等和相关检测设备在规定测试速度下对全线各系统进行综合测试，评价和验证供变电、接触网、通信、信号、客运服务、防灾等系统的功能；验证路基、轨道、道岔、桥梁、隧道等结构工程和振动噪声、声屏障、电磁兼容、综合接地及列车空气动力学等适用性；检验相关系统间接口关系；对全线各系统和整体系统进行调试、优化，使各系统和整体系统功能达到设计要求，为高速铁路的开通提供科学依据。

高速铁路联调联试过程中，动态检测工作结合联调联试工

作进行。

二、联调联试的参试单位与职责

一同参与联调联试的单位包括设备管理单位、建设单位、检测测试单位和勘察设计单位等。

其中设备管理单位负责组织联调联试及运行试验,参与编制联调联试及运行试验大纲并组织初步审查,组织编制实施方案;组织编制联调联试及运行试验期间行车组织、施工管理、设备运用维护、安全管理、应急救援等制度和办法。联调联试开始前组织接管行车设备,牵头组织确认联调联试及运行试验开始条件、试验列车每日上线条件;全面负责联调联试及运行试验期间的行车组织、安全管理,以及试验机车车辆、综合检测列车和其他试验动车组的整备检修;配合开展测试工作,督导固定设备、设施的整治精调;组织完成联调联试及运行试验

图8.3 京沈客专联调联试

工作总结，根据检测测试单位编制的动态检测报告及运行试验报告，会同建设单位编制动态验收报告等。

建设单位委托检测测试单位编制试验大纲，参与编制试验大纲及实施方案；组织设施、施工等单位保证联调联试工程条件，配合设备管理单位做好行车设备接管，按相关规定组织做好生产生活用房、维修机具、备品备件的移交；组织设计和施工单位，对联调联试及运行试验中发现的工程问题进行整改、优化；督导施工现场安全管理；负责后勤保障工作；根据检测测试单位编制的动态检测报告及运行试验报告，会同设备管理单位编制动态验收报告等。

检测测试单位牵头编制试验大纲，参与编制实施方案；具体负责联调联试及运行试验的检测测试工作，即分析、整理、发布测试数据，提出问题及整改建议；保证检测设备工作状态和运行安全，负责检测人员安全管理；编制动态检测报告及运行试验报告等。

勘察设计单位按要求提供相关技术资料，解决与设计相关问题的整改、优化等；施工单位、集成商和设备供应商提供相关技术资料和自检报告，根据测试结果组织人员进行问题整改和系统精调、优化等；建设单位监督相关单位完成问题整改、系统精调及优化等。

三、联调联试及运行试验大纲的编制与审批

根据建设单位委托，检测测试单位牵头编制联调联试及运行试验大纲，设备管理单位、建设单位参加试验大纲的编制。试验大纲需要在静态验收完成 40 日前完成。

联调联试及运行试验范围与工程验收范围一致，工作时间结合项目技术构成、速度等级、线路长度、涉及既有枢纽检测测试工作量等因素合理确定，一般为 3 至 8 个月，其中运行试验时间原则上不少于 1 个月。

联调联试及运行试验的项目、方法、内容、要求，评价标准，数据处理分析，测点布置原则等，主要依据我国《高速铁

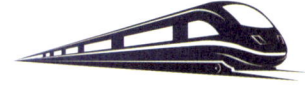

路工程动态验收技术规范》和其他相关规章规范制定执行。此外，试验大纲中，应结合项目具体情况，进一步细化或优化测点布置、测试场景，以及故障模拟和应急救援演练场景选取等。同时为提高试验效率，线路里程较长的项目一般分区段组织联调联试，联调联试区段划分统筹考虑的因素包括工程进度、动车运用所位置、设备管理单位管辖范围、现场生产生活条件等。上述这些内容，在编写试验大纲时都应该有所明确。

试验大纲编制完成后，在静态验收完成30日前，由设备管理单位牵头，建设、检测测试单位参加，组织对试验大纲进行初步审查，设备管理单位行文将初步审查意见及试验大纲送审稿上报工程管理中心。

工程管理中心牵头，总公司机关相关部门和单位参加，组织专家对上报的试验大纲进行审查，然后工程管理中心起草批复文件，按规定程序下发。

四、联调联试工作开展条件

各专业涉及联调联试的主体及配套工程完成，工程竣工图纸和牵引供电、电力、通信、信号系统技术文件、运用维护手册齐全，完成系统检测、调试、动态测试和分系统集成试验，并提供测试报告。

静态验收合格，影响联调联试的问题已整改完毕，并由设备管理单位会同建设单位复检合格。采用综合检测列车上线进行试车试验前，工务、供电、电务各专业完成工程静态验收，且静态验收报告通过总公司专业专家组审查，专家意见认定具备联调联试条件，或提出的影响联调联试的问题已整改完毕，并由设备管理单位会同建设单位复检合格。其他专业，设备管理单位已牵头确认不存在影响综合检测列车上线试验的问题。

建设单位已分别与设备管理单位和检测测试单位签订联调联试、运行试验工作组织及检测测试委托协议。试验大纲已经总公司批复，实施方案及有关制度、办法、细则制定完毕并发布，设备管理单位已牵头组织参加试验人员学习掌握。

联调联试现场组织机构组建完毕，参加试验人员到位，工作机制已经建立，安全防护、治安措施到位。试验用机车车辆、综合检测列车和其他试验动车组调配，以及现场测试仪器设备安装调试等准备工作完成。

设备管理单位已组织开行由轨道、接触网、电务等专业检测车组成的检测列车，对轨道、接触网、GSM-R（GSM for railways）等主要行车设备状态进行动态检查，确认具备综合检测列车上线试验条件。

五、联调联试过程中的问题整改

每天的试验结束后，由检测测试单位负责对检测测试数据进行分析处理，并将数据和分析结论及时提交现场指挥部。

现场指挥部组织对检测测试中发现的问题与验收偏差进行研究，明确整改时限与要求，建设单位落实整改责任，各专业保障组督导相关单位具体落实。问题整改情况作为专业协调会和日交班会的重点研究内容。

设备管理单位会同建设单位建立问题库，指定专人进行管理，对检测测试中新发现的问题，及时补充入库；根据整改和复检复测情况，及时对已整改完成的问题进行销号处理。

第三节　高速铁路线路工程的入学考试
——高速铁路线路精调

一、高速铁路平顺性要求

轨道不平顺是引起列车振动、轮轨作用力增大的主要根源，对行车平稳舒适和行车安全都有重要影响，是限制行车速度的主要因素。轮轨相互作用的理论研究和国外高速铁路的实践证明，高速铁路线路必须具备高平顺性。因为，对于高速铁路线路工程师们而言，最重要的任务是实现和保持轨道的平顺性，为高速列车提供一个平顺平稳、结实稳定的运行基础。

表 8.1　高速铁路无砟轨道静态铺设精度标准

序　号	项　目	允许偏差	检测方法
1	轨距	±1 mm	相对于 1 435 mm
		1/1 500	变化率
2	轨向	2 mm	弦长 10 m
		2 mm/8a（m）	基线长 48a（m）
		10 mm/240a（m）	基线长 480a（m）
3	高低	2 mm	弦长 10 m
		2 mm/8a（m）	基线长 48a（m）
		10 mm/240a（m）	基线长 480a（m）
4	水平	2 mm	不包含曲线、缓和曲线上的超高值。
5	扭曲（基长 3 m）	2 mm	包含缓和曲线上由于超高顺坡所造成的扭曲量。
6	与设计高程偏差	10 mm	站台处的轨面高程，不应低于设计值。
7	与设计中线偏差	10 mm	

注：表中 a 为扣件节点间距，单位为 m。当弦长为 48a 时，相距 8a 的任意两测点实际矢度差与设计矢度差的偏差不得大于 2 mm；当弦长为 480a 时，相距 240a 的任意两测点实际矢度与设计矢度差的偏差不得大于 10 mm。

轨道的平顺性从两个角度加以衡量：绝对平顺性和相对平顺性。绝对平顺性是指轨道线形相对于设计线形的偏差程度，分平面偏差和高程偏差两个方面，如果与设计线形偏差太大，则需要采取有针对性的措施来纠正这一偏差。相对平顺性是指左右股钢轨间的相对位置偏差，我们一般通过轨距、水平、轨向、高低、扭曲（三角坑）等指标来考察。

高速铁路对轨道平顺性的要求更高，我国《高速铁路轨道工程施工质量验收标准》(TB10 754—2010) 指出经精调整理后，无砟轨道静态铺设精度标准应符合表 8.1 中的规定。

二、轨道精调的定义

轨道精调是高速铁路在施工建设阶段及运营维护阶段实现或保持线路高平顺性的重要途径。

对高速铁路无砟轨道而言，施工建设阶段的精调贯穿于整

个施工过程，从混凝土轨下基础结构施工开始，直至无缝线路钢轨拉伸锁定完成，轨道具备开通运行条件为止，大体可分为混凝土轨下基础结构精调定位（一般称轨道板精调定位）和长钢轨精调（一般称轨道精调）两大类。我们所说的轨道精调，是长钢轨精调，它指对钢轨、扣件系统等轨道结构存在的问题进行整改后，开展精细测量工作。基于测量结果，分析制定轨道精密调整方案（如图 8.4 所示），最后通过更换扣件零部件的形式，使轨道线形达到设计及验收标准要求。

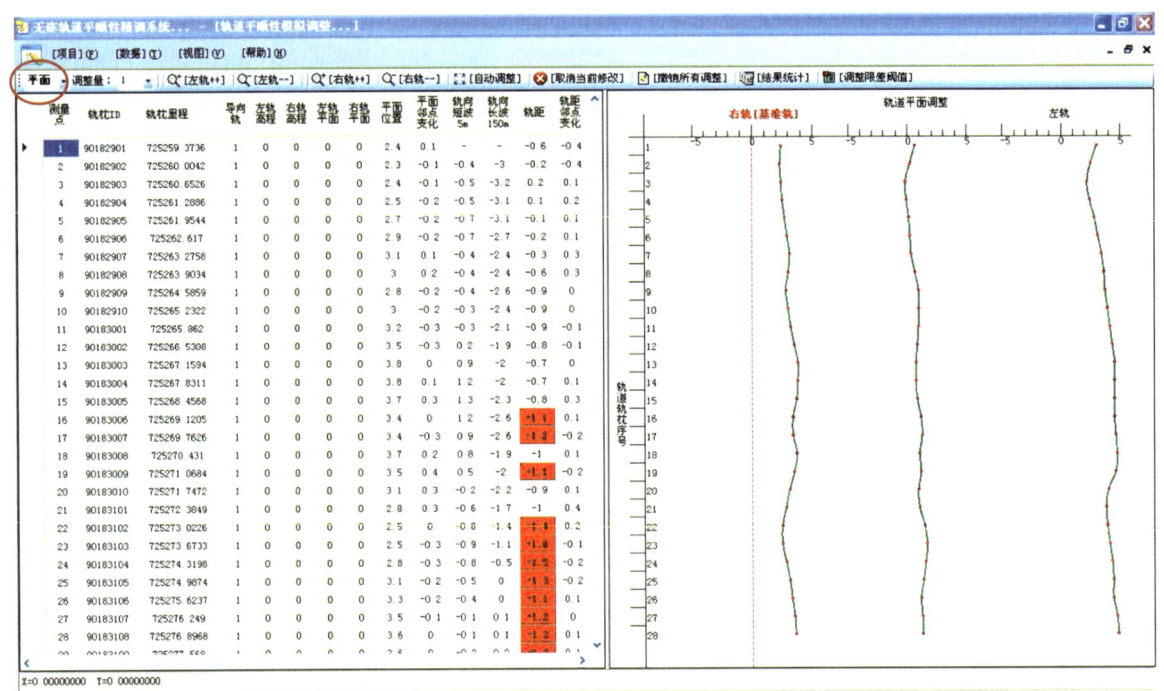

图 8.4　无砟轨道精调方案

轨道精调又分为静态调整和动态调整两个阶段。轨道静态调整阶段是指在联调联试之前，根据轨道静态测量数据，对轨道进行全面且系统的调整，将轨道静态几何尺寸调整到合理的允许范围内，对轨道线形进行优化调整，合理控制高程、平面等指标，使轨道静态精度满足高速行车的基本要求。

轨道动态调整阶段是指在联调联试期间，根据轨道动态检

测和人工添乘情况,对轨道局部动态超限处所和晃点进行整治,对部分区段几何尺寸进行微调,优化轨道线形与轮轨关系,是对轨道状态和精度进一步完善和提高的过程,以使轨道动、静态精度全面达到动态验收标准。

无砟轨道精调是一项系统工程,涉及精调作业准备、精调测量、精调方案设计、精调作业、精调分析评价及精调数据管理等各个环节。宏观层面的精调流程及各个环节的先后关系如图 8.5 所示。

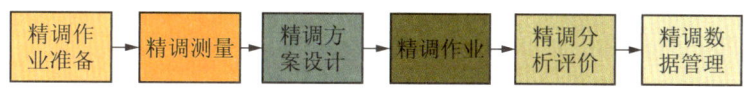

图 8.5 高速铁路轨道精调流程图

各个环节既是无砟轨道精调系统流程中的一个组成部分,在整个轨道精调中发挥某一特定功能,并与其他环节之间存在相互关系;又是一个相对独立的个体,有着各自独立的控制标准和作业目标。为实现线路的高平顺性,轨道精调质量控制除了在宏观层面上实现各个环节的相互协调与衔接外,还应该在微观层面上把控各环节的具体作业流程,确保各项精度指标达到设计要求。

三、无砟轨道线路精调作业

无砟轨道线路精调作业流程包括:首先按照轨道检查仪作业方案进行基准股调整,基准股调整后,利用 0 级轨道检查仪进行检测和验证,对于不合格处所进行修正,直至达到预期的质量指标。其次利用 0 级轨道检查仪重新检测提供的非基准股作业方案进行非基准股调整,非基准股调整后,通过 0 级轨道检查仪检测和验收,对于不合格处所进行修正,直至达到预期的质量指标。而后再次利用轨道检查仪检测数据,对不能满足质量要求的地段进行再次修正,从而实现预期的静态质量指标。静态调整完成后进行钢轨预打磨。最后根据动态检测情况,对不良处所进行针对性整治,进而实现动静态精调质量目

标。无砟线路精调作业流程如图 8.6 所示。

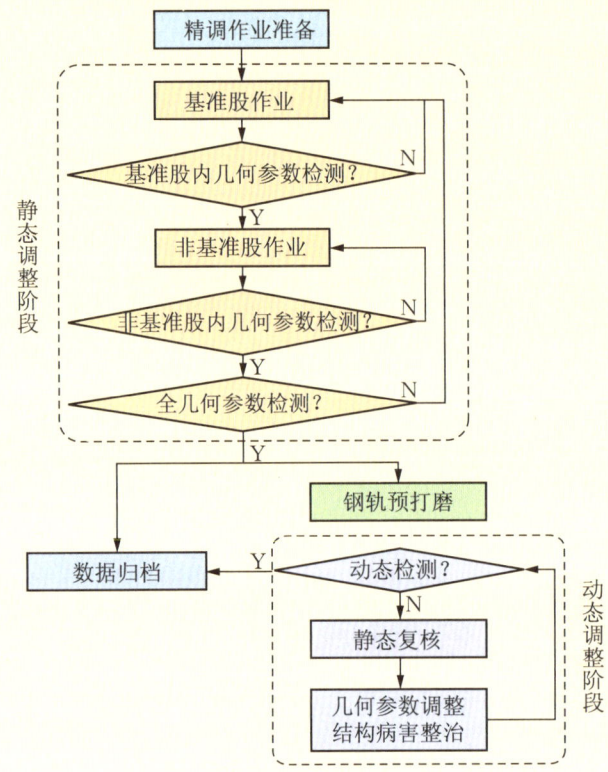

图 8.6　无砟轨道线路精调作业流程图

基准股调整

依据作业方案上的数据核对里程、板号、轨枕编号，做好基本轨调整量的现场标注工作。精调前在基准股外侧混凝土挡肩上标注出高程、平面调整的数值，并做好复核确认工作。

对于超过了扣件调整量限值的情况，一般采取线形拟合方法；如果拟合无法处理的地段，则采取换板、移梁等纠偏措施。

基准股调整后，利用 0 级轨道检查仪进行检测，对于不合格处所需要进行修正，基准股修正作业方法和基准股调整方法基本一致，不同之处在于，基准股回检过程中首先需要采用道尺严格复核基准股回检处所的轨距和水平，然后按照基准股修

正方案所提供的调整量进行精调,如果调整到位后实际所用扣配件型号与回检方案扣件类型不一致,则及时修正电子台账。作业后逐枕进行复测,确认达标。

作业中可利用 0 级轨道检查仪检查模式代替道尺进行作业质量校核,这不仅有利于轨道几何尺寸检查的一致性、准确性,而且有利于提高检查密度、检查效率。

非基准股调整

依据 0 级轨道检查仪作业方案上的数据核对里程、板号、轨枕编号,做好非基准股调整量标注工作。非基准股调整利用的是相对轨道检查仪测量数据,而不是绝对测量数据,这样可以确保轨距、轨距变化率、水平等指标的一致性,其调整方法、修正方法与基准股调整方法、修正方法相同。

基准股、非基准股的综合调整

基准股、非基准股调整并修正后,利用轨道检查仪再次检测线路,对个别不良处所进行微调,以彻底实现精调质量目标。最后进行静态调整阶段的数据归档工作。

线路预打磨

预打磨是对铺设上道的新钢轨的打磨,目的是去除轨面脱碳层,消除钢轨在生产、焊接、运输和施工过程中产生的表面缺陷,优化轨头廓形,改善焊接接头平顺性。预打磨在精调完成后、联调联试前进行,打磨速度约 15～18 公里/小时,一般打磨两遍实现设计廓形。

动态检测不良处所整治

根据动态检测结构,对于不良处所进行现场静态复核;根据静态检测情况,结合波形图、动力学指标等进行综合分析,制定合理措施;采取钢轨打磨、结构病害整治、几何参数调整等措施进行综合处理,直至满足动态验收要求。

第九章

高速铁路安全检测、监控和综合维修技术

第一节　高速铁路安全运营的守护者

第二节　高速铁路安全运营的私人医生

第三节　高速铁路安全运营的健康管理师

第一节　高速铁路安全运营的守护者
——防灾安全监控系统

一、防灾安全监控系统的构成

安全是铁路永恒不变的主题。在整个铁路运输过程中，首要任务是保证运输安全。随着高速铁路与高速列车技术的快速发展，高速铁路列车运行速度的提高和列车密度的加大，如何保证行车安全变得越来越重要，这对行车安全保障体系提出了更高的要求。

防灾安全监控系统是保证高速铁路列车运行安全的重要基础装备之一，它对危及高速铁路列车运行安全的风、雨、地震等灾害和异物侵限进行实时监测报警、预警。当遇到极端天气不利于高速铁路行车时，通过控制列车限速或停车的措施，提

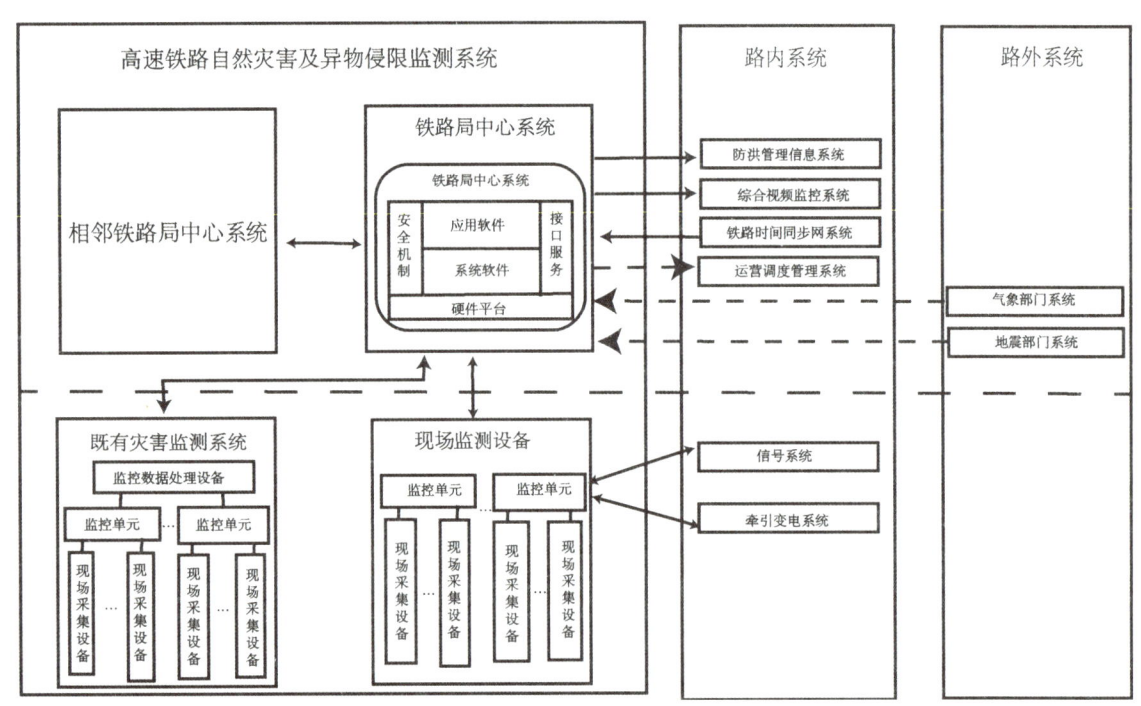

图 9.1　高速铁路自然灾害与异物侵限监测系统架构及接口关系示意图

高铁路运营安全，是高速铁路安全运营的守护者。

防灾安全监控系统具有实时性、可靠性、准确性、安全性的特点，是风监测、雨量监测、地震监测及异物侵限监控等子系统组成的集成系统。系统采用统一的处理平台，由风、雨及异物侵限等现场监测设备，还有现场监控单元、监控数据处理设备、工务终端、调度所终端、传输网络等组成。

风、雨、地震监测设备由风速计（含气温、气压监测功能）、雨量计、地震计组成，异物侵限现场监测设备由异物侵限监测传感器和轨旁控制器组成，监测信息传送至离监测点最近的监控单元内。现场监控单元采用模块化结构，一般设置于沿线 GSM-R 基站、车站的防灾机房内。监控数据处理设备由数据库服务器、应用服务器、存储设备、维护终端及打印机等组成，一般设置在与综合维修段（综合维修工区、保养点）或工务车间邻近的车站防灾机房内。调度所、工务终端由防灾监控终端、通信接口设备等组成，分别设置于行车调度台和工务调度室。

二、风监测系统

大风天气中行车，在侧向风的作用下，高速列车发生侧翻、脱轨的可能性变大，因此需要对风速进行监测并设定相关警戒值，当超过警戒值时采取列车限速运行或封锁线路的措施。风监测子系统就是对风速进行监测报警的设备。

风监测子系统中的风速是通过风速风向计监测得到的，一般选用抗电力牵引电磁干扰能力强的超声波式风速风向计，以适应大自然复杂、恶劣的环境。

当防灾安全监控系统发出风速报警信息时，列车调度员在确认报警地点后根据限速提示立即向相关列车发布限速运行的调度命令。对来不及发布调度命令的列车，则立刻通知司机限速运行。当风速进一步增大到影响列车运行时，防灾安全监控系统发出禁止运行报警信息，列车调度员接到禁止运行报警信息后，立即关闭相关信号并通知司机停车。列车司机接到调度

图 9.2　风速风向计

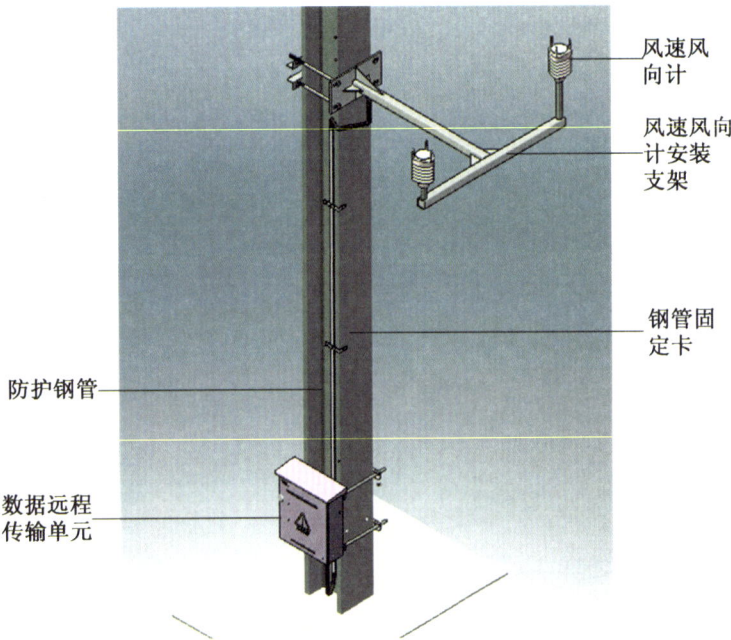

图 9.3　风速风向计的安装

命令或通知后，就会把列车停下来。当风速逐步变小、系统报警解除后，再由列车调度员向相关列车发布恢复正常运行的调度命令。

如果沿线的风监测子系统发生故障，此时调度所、工务防灾监控终端会自动启动报警机制，列车或工务调度员就会立即

通知工务段组织相关技术人员赶赴现场进行修复。如果不巧，在风监测系统故障尚未解除前遇到大风天气，这时候列车调度员需要按照天气预报的最大风级向相关列车发布调度命令。相关限速规定如下：7级限速300公里/小时，8～9级限速200公里/小时，10级限速120公里/小时，11级及以上禁止列车进入风区。

三、雨量监测系统

下大雨时，雨水冲刷和堆积，会有路基损毁、山体滑坡和水漫线路无法确认前方进路的安全行车隐患，因此需要对雨量进行监测并设定相关警戒值，当超过警戒值时采取列车限速运行或封锁线路的措施。雨量监测子系统就是对降雨量进行监测报警的设备。

雨量计采用24吉赫兹（GHz）多普勒雷达（Doppler radar）测量单个雨落速度的方式来测量降水强度。通过滴落速度与大小的关联，计算降水量与降水强度。

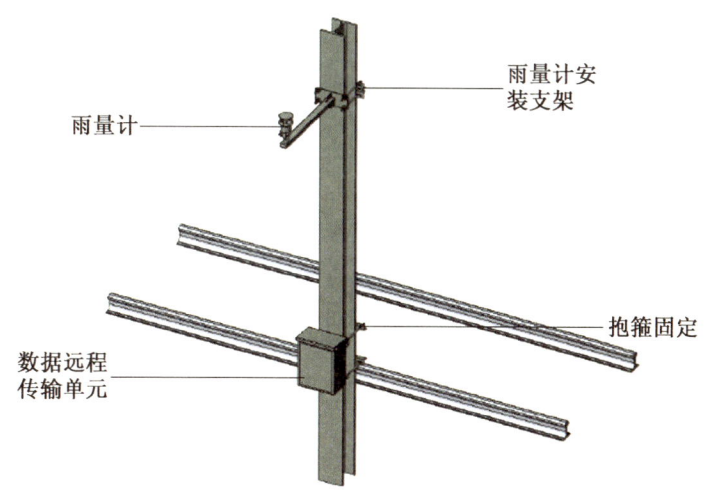

图9.4 雨量计的安装

在每年汛期前，设备管理单位防洪指挥部都会结合管内高速铁路水害类型、设备抗洪能力等制定高速铁路雨量警戒制度，同时对防灾安全监控系统中的雨量监测报警方式及警戒值

做相应修改。

当降雨量达到警戒值时，防灾安全监控系统会自动报警，列车调度员根据报警信息和限速提示立即向相关列车发布限速调度命令。对来不及发布调度命令的列车，则通过直接通知列车司机的方式对行驶列车实行限速运行。

此外，下大雨的时候，工务、电务、供电等设备管理单位要根据降雨量报警信息，对设备进行雨中检查，尤其是重点区段和设备。一旦发现影响行车安全时，及时通知列车调度员限速运行或封锁线路。

雨量减弱后，当列车调度员得到工务及其他相关专业调度台检查无异常的报告后，向相关列车发布取消临时限速或解除线路封锁的调度命令，列车恢复常速运行。

四、地震监测系统

中国位于世界两大地震带——环太平洋地震带与欧亚地震带之间，受太平洋板块、印度板块和菲律宾海板块的挤压，地震断裂带十分发育，地震活动频度高、强度大、震源浅，分布广，是一个震灾严重的国家，也是全球强震高发区域，1900年以来已发生 6.0 级以上地震逾 500 次，位居世界各国之首。全国地震基本烈度Ⅵ度及Ⅶ度以上地区占国土总数的 32.5%，有 46% 的城市和许多重大工程设施、矿区位于受地震严重危害的地区。

地震是一种虽然发生概率较小，但危害性很大的一种自然灾害，对高速铁路而言，哪怕是较小震级的地震对路基、轨道、桥梁等的冲击都可能会导致危害旅客生命安全的重大事故。因此，实施地震报警并采取紧急处置，可以大大降低高速铁路旅客生命财产损失。

中国高速铁路地震预警系统由高速铁路地震预警监测系统和车载地震紧急处置装置组成。高速铁路地震预警监测系统作为自然灾害及异物侵限监测系统的组成部分，相对独立运行，采用两级架构，第一级为铁路局中心系统，第二级为现场监测

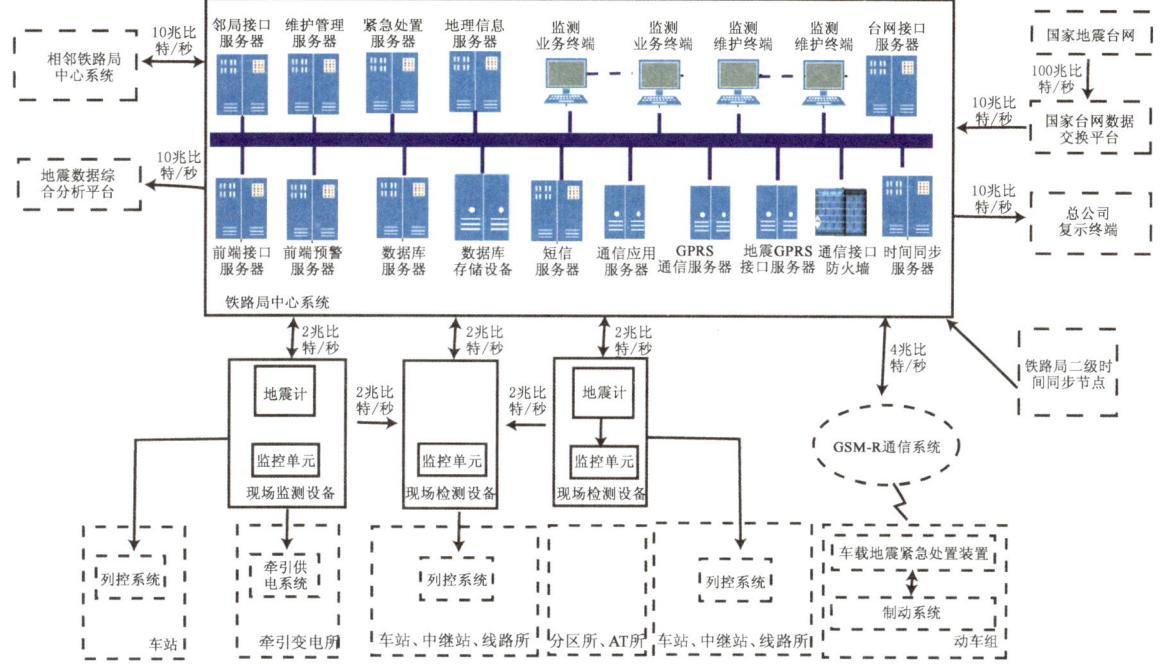

图 9.5 高速铁路地震预警监测系统构成示意图

设备。铁路局中心系统设置在铁路局内，现场监测设备设置在铁路沿线。

高速铁路地震预警监测铁路局中心系统实现管辖范围内地震动监测、P 波预警和阈值报警等信息的收集、分析及处理，进行多台站 P 波预警、紧急处置级别及影响范围计算、紧急处置信息发布，误报和警报解除、震后恢复信息的下达以及与地震台网、相邻铁路局之间进行信息交互、设备状态监测与监视、维护管理等功能，具备与 GSM-R 通信系统互联功能，负责动态监测管辖范围内的列车，并向车载地震紧急处置装置发送地震紧急处置信息。

现场监测设备设置在铁路沿线，用于监测地震动，进行地震预警、报警及紧急处置的设备，包含地震计和监控单元（含牵变接口和信号接口）。其中地震计是将地面运动量转换为电压的传感器，监控单元用于采集地震数据，向铁路局中心

系统发送地震警报及监测信息、设备工作状态，接收、处理铁路局中心系统紧急处置信息，触发牵引供电系统、列控系统联动的设备。牵变接口是地震预警监测系统与牵引供电系统的接口装置，当监控主机监测到地震动峰值（阈值报警）达到Ⅲ级警报阈值或接收到铁路局中心系统发布的Ⅲ级处置信息时，触发牵引供电系统动作。信号接口是地震预警监测系统与列控系统的接口装置，与地震预警监测铁路局中心系统互联，当接收到相邻监控单元Ⅱ级、Ⅲ级警报信息或接收到铁路局中心系统发布的Ⅱ级、Ⅲ级处置信息时，会触发列控系统动作。

地震警报级别按照对应的加速度峰值由低到高划分为三级，由低到高为Ⅰ级、Ⅱ级和Ⅲ级警报；Ⅰ级警报对应 P 波预警预测加速度峰值大于等于 40gal 或阈值报警实测加速度峰值大于等于 40 且小于 80 厘米每二次方秒（cm/s^2），Ⅱ级警报对应阈值报警实测加速度峰值大于等于 80 且小于 120 厘米每二次方秒（cm/s^2），Ⅲ级警报对应阈值报警实测加速度峰值大于等于 120 厘米每二次方秒（cm/s^2）。

根据地震警报级别，地震紧急处置通过触发车载地震装置、牵引供电系统和列控系统三种方式实现，三种紧急处置方式相互独立。Ⅰ级处置命令通过车载地震装置语音提示司机控车限速 160 公里/小时以下运行，Ⅱ级处置命令通过列控系统行车控制和车载地震装置触发列车紧急制动，Ⅲ级处置命令通过列控系统行车控制和车载地震装置触发列车紧急制动，同时通过牵引供电系统控制接触网断电。

五、异物侵限监控系统

机车车辆运行必须有一个安全的空间，因此，铁路对机车车辆和接近线路的建筑物、设备规定了不允许超越的轮廓尺寸，这个轮廓尺寸称为限界。异物侵限监控子系统就是专门监测侵入铁路限界的异物，并触发列控系统使列车自动停车的系统。

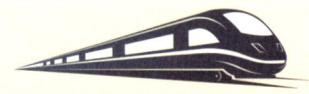

当异物侵限导致双电网断线时，调度所、工务防灾监控终端会自动发出灾害报警信息；防灾安全监控系统同时向列控系统发送灾害报警信息，使进入相关闭塞分区内的列车自动停车。当双电网的一路电网断线时，调度所、工务防灾监控终端会发出异物侵限传感器故障报警信息，防灾安全监控系统不向列控系统发送灾害报警信息。

列车调度员接到防灾监控终端异物侵限灾害报警信息后，会立即通知已进入区间的列车禁止通过异物侵限报警点线路，并不再向区间放行列车。而后通过视频监视系统查看确认后，由相关人员赶赴现场检查处理。

经现场抢修人员确认线路具备开通条件后，相关部门人员应到调度所登记，并由列车调度员将防灾安全监控系统复原按钮解锁，列车恢复正常行车。

如果遇到视频监视系统不能显示、显示不清或显示无异状的情况，列车调度员需要立即向开往异物侵限灾害报警地段的第一趟列车发布以目视行车速度接近报警点的调度命令。此时列车司机改按目视行车模式，查清线路情况，并向列车调度员汇报。

列车调度员接到持有限速调度命令的列车司机通过线路无异常的报告后，将防灾安全监控系统中复原按钮解锁，并通知进入区间的列车恢复正常行车。

第二节　高速铁路安全运营的私人医生
——运营期动静态检测体系

一、我国轨道检查技术的发展

随着高速铁路的兴起，行车安全性和舒适性已成为运输生产中的关键问题。线路作为基础设施中的重要组成部分，其设备病害的检查检测、良好设备状态的保持离不开各种轨道检查、检测设备的应用——它们是高速铁路的私人医生，对高速

铁路安全运营起着不可估量的作用。

二、轨检车

轨检车一直是检查轨道病害、指导线路养护维修、保障行车安全的重要手段。近年来，轨检车技术随着计算机技术和检测技术的发展而迅速发展，检测精度和可靠性大大提高。

我国铁路从20世纪50年代起就采用1型轨检车每季度检查一次正线线路，该轨检车的特点是采用弦测法，机械传动，可以将轨距、水平、三角坑、摇晃（用单摆测量）项目的幅值绘在图纸上，人工判读超限并计算扣分。

60年代后期研制的2型轨检车仍采用弦测法，但改为电传动，检测项目比1型车增加了高低，超限判读和扣分计算方式与1型车相同。

80年代初期研制成功的GJ-3型轨检车是我国轨检车技术的一次大飞越，其特点是将先进的传感器技术、计算机技术和惯性基准原理应用到轨检车上，可以检测高低、水平、三角坑、车体垂直和水平振动加速度，轨距、轨向则无法检测。传感器信号经过相关处理，直接以电压大小作为不平顺超限判据，计算机采集后，计算超限等级和数量，并计算扣分，以扣分的多少来衡量线路的好坏。笔式绘图仪记录不平顺波形；GJ-3型轨检车上计算机的作用仅为计算扣分，没有发挥应有的作用。仪器电路采用的大多是70年代末80年代初的分离元件，稳定性差，加之安装时间跨度大，即使同一种仪器使用的元器件也不尽相同，接口也不完全一样，造成了备件选择和维修上极大的困难，2000年前后，全路GJ-3型轨检车共有17辆，养护、维修难度很大。

1985年我国成功引进美国ENSC0公司T-10轨检车先进的轨检技术，研制成功XGJ-1型新型轨检车。以XGJ-1型新型轨检车为基础，成功研制了GJ-4型车。这标志着我国轨检技术和轨检车又一次飞跃，使我国轨道检测和轨检车跨入世界先进技术的行列。

随着铁路的进一步提速及高速铁路的发展，GJ-4 型车的检测项目对指导维修来说逐渐捉襟见肘。比如对维修和安全具有重要意义的钢轨垂直磨耗、侧面磨耗、波浪磨耗、轮轨作用力及由此计算得到的脱轨系数、轮重减载率和轮轴力等参数，GJ-4 行轨检车就不能检测。面对日趋严峻的形势，1999 年我国再次引进国外最新的检测技术及轨检车，以满足不断提速的需要，在引进关键部件的基础上合作研制了 GJ-5 型轨检车。

在轨道管理标准及数据应用方面，自 20 世纪 80 年代，轨道检查车的引进和开发利用，结束了工务维修部门长期以来以静态轨道状态检测为主的模式，逐渐形成以动态轨道状态检测代替静态检测的方式。在轨检车检测结果的科学指导下，养护维修措施更具有针对性，线路质量得到普遍提高，以"动态检测为主，静态检测为辅"的思想也早已深入人心。

三、综合检测列车

对于线路工程而言，轨道几何状态是最基本的参数之一，它直接量化反映了线路平顺性。为此，铁路工务部门对轨道几何状态的检测非常重视，采用轨检车与动检车（综合检测列车的简称）并驾齐驱的方式为高速铁路安全运营保驾护航。

轨检车和综合检测列车分工明确、职责清晰，它们以不同的速度检测轨道几何状态：速度 160 公里 / 小时及以下使用轨检车，大于 160 公里 / 小时的使用综合检测列车。

图 9.6　高速综合检测列车

高速综合检测列车可检测的项目包括：

测试轨道结构路基与过渡段动应力、动变形及振动特性以及挡墙侧向变形，掌握其动力特性；

测试动车组高速运行条件下路桥过渡段、桥上直线和曲线、路基地段的无砟轨道结构的动力性能，验证和评估列车运行的安全性、轨道稳定性、轨道部件承载强度的安全储备以及线路的平顺性；

测试 350 公里/小时动车组以各种速度通过桥梁工点时，桥梁的自振特性和动力响应（竖横向自振频率、阻尼比、动力系数、挠跨比、梁端转角、支座竖横向动位移、竖横向振幅、强振频率、竖横向振动加速度、梁缝两侧钢轨支点横竖向位移等）；

轨道几何状态检查，包括高低、轨向、轨距、水平、三角坑、超高、曲线半径、复合不平顺等；车辆动态响应检测，包括车体横向加速度及其变化率、车体垂向加速度、构架横向和垂向加速度、轴箱垂向加速度等；

高速弓网综合检测装置安装于高速铁路综合检测列车上，定期对高速接触网进行例行巡检，主要检测接触网的动态弓网关系与性能，如导线高度、一跨内高差、横向偏移值、接触硬点、弓网接触压力等；

图 9.7 支柱号自动识别

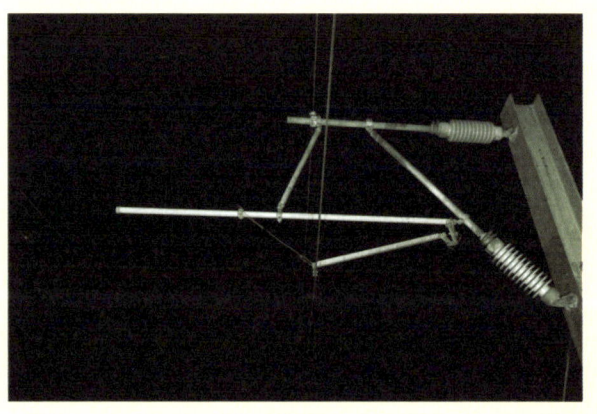

图 9.8 触网悬挂检测监测

接触网悬挂检测监测装置安装于综合检测作业车上，利用多个摄像头，定点抓拍高清图像，并通过计算机视觉分析，自动识别支柱杆位，比较出异常变位部件，实现接触网异常自动辨识。

四、轨道确认车

你知道吗？每天清晨高速铁路线路上跑的第一趟车并不是我们平时乘坐的载客列车，而是一辆"空车"。说它是"空车"，也并非是指车上真的空无一人，而是指车上只有列车司机和部分铁路添乘人员，并不对外开放——我们将每天清晨的这趟无人知晓的首班列车称为轨道确认车。

轨道状态确认车（以下简称确认车）的作用是确认轨道几何状态是否满足高速列车运行安全的技术指标。因为高速铁路都采用天窗修制度，就是高速铁路各种线路维修工作都在夜间高速列车"休息"的天窗时间内（一般是深夜12点到次日清晨4点）开展，夜间的维修条件非常有限，维修施工的材料及工机具有遗忘、掉落进而影响第二天安全运营的隐患。确认车的作用就是确认线路上是否存在侵入车辆限界的材料和工具，一旦发现危及行车安全的轨道病害或事故隐患，就及时把信息传送至有关部门，并组织紧急处理。所以某种意义上而言，我们又将确认车称为"扫雷车"。

轨道确认车检测系统由轨道几何检测系统、环境监视系统、线路限界检测系统和车载局域网系统组成。确认事项及内容包括：

确认天窗后线路运行质量是否满足动车组正常运行；

确认路材路料是否按要求堆码整齐并清出限界；

确认施工机具是否全部清理完毕；

确认防护栅栏等防护设施是否完好无损；

确认限速处所是否按规定设置限速标志；

确认栅栏网内防洪、路基附属工程以及路基、路堑护坡是否有危及行车安全的现象等；

确认接触网上有无异物、鸟巢或其他侵入限界的现象；

确认接触网有无松、脱、断现象；

确认接触网有无异常晃动和放电情况；

确认接触网电压是否正常；

确认机车接收的电码是否正确；

确认列车运行监控系统（LKJ）设备工作是否正常；

确认是否存在危及安全和影响行车的其他事项。

五、综合巡检车

高速铁路无砟轨道采用混凝土整体道床取代原来普速铁路有砟轨道的道砟散粒体道床，这种结构上的改变也使得高速铁路的养护维修重点发生了变化。传统普速铁路有砟轨道的养护维修以恢复轨道几何状态为主，而现在高速铁路的养护维修则以修复结构性病害为主，与之相匹配的是高效率和高精度的结构性病害检测。正是在这样的需求背景下，一种全新的高速铁路检测列车——综合巡检车孕育而生。

巡检车的工作原理是采用摄像采集、激光扫描、计算机图

图 9.9 综合巡检车

像处理、RFID（radio frequency identification）精确定位和智能化分析判断等技术，对高速铁路钢轨面是否擦伤和磨损、钢轨扣件是否异常、供电接触网状态是否良好以及线路有无障碍物侵入等多项内容进行实时记录，经过计算机分析处理后，第一时间形成设备缺陷评估报告，为现场设备养护维修提供准确的第一手资料。巡检车的应用弥补了人工检查效率低下、漏检数较多等诸多不足。

巡检车的便携式高分辨率高速摄像机在每秒500帧的速度下拍摄1 280×1 024分辨率的图片，在每秒1 200帧的速度下拍摄800×600分辨率图片，提供超清晰的图像。可以抓拍动车组通过时的弓网图像，然后处理并分析影像及图片，可以找到接触网上存在硬点或存在问题的地方，为夜间检查提供有力依据。还可以抓拍钢轨表面伤损状态、扣件、轨道板等部件情况，返回终端的是异常情况的实拍图片和里程。因此整个巡检过程就像给高速铁路做了一次X光检查，让高速铁路线路上的病害一览无余地显露出来。

高速铁路线路工程师们拿到检查分析结果后，对需要整修的病害再用其他手段进行现场复核确认。复核确认后，便组织维修人员开展相应病害的针对性维修。

六、晃车仪和添乘仪

在高速铁路线路检查设备的大家庭中，除了上述几种检测列车外，还有一些小型的车载设备及便携式手持设备，线路晃车仪和添乘仪就是这样两种常用的小型设备。

列车在（正常状态）线路上运行时由于线路连续周期性不平顺生产的受迫振动引起的车体晃动通过线路晃车检测评估。晃车仪安装在动车组上，其检测数据通过无线信号传回终端进行处理，以保障高速铁路所要求高平顺性和高舒适性。

添乘仪是日常人工添乘时携带上动车组的便携式手持设备，由主机、传感器、电池和充电器组成，主机和传感器之间用信号及电源输出插座、信号及电源输入插座和连接线连接起

来,电池和充电器位于传感器机箱内。添乘仪可用来检测垂直、水平两个方向的列车振动加速度。当列车振动加速度超过设定的标准时,便会发出声光报警。不仅适合于查找线路病害处所,还可用于检查线路质量。

第三节 高速铁路安全运营的健康管理师
——养护维修体系

铁路线路设备是铁路运输业的基础设备,它常年裸露在大自然中,经受着风雨冻融和列车荷载的作用,轨道几何尺寸不断变化,路基及道床不断产生变形,钢轨、联结零件及轨枕不断磨损,因而使线路设备的技术状态不断地发生变化。线路维修养护贯彻"预防为主,防治结合,修养并重"的原则,经常保持线路设备完整和质量均衡,使列车能以规定速度安全、平稳和不间断地运行,并尽量延长设备的使用寿命。因此,合理养护线路,确保线路质量是保证工务部门安全生产的前提,也是保证铁路运输安全的基础,对企业经济效益的增长、人民生命财产的保障和国民生产总值的提高都有很重要的意义。

一、钢轨的打磨技术

钢轨打磨是通过旋转打磨轮的作用将金属从轨头表面移除的过程,这样不仅能够消除轨头的伤损和疲劳,还能延长钢轨使用寿命,所以是线路养护维修的一种重要手段,在国内外都得到了广泛的应用。

目前,钢轨打磨主要利用具有多个打磨头的大型高效养路机械——钢轨打磨列车以及小型打磨机具来完成。在打磨时,打磨车通过设置各个打磨头的打磨参数(打磨角度,打磨功率,打磨速度),组合成一定的打磨模式,从而实现不同角度和不同打磨量的打磨。对高速铁路而言,依据建设阶段和运营阶段,又可分为开通前的预打磨和开通运营后的预防性打磨。

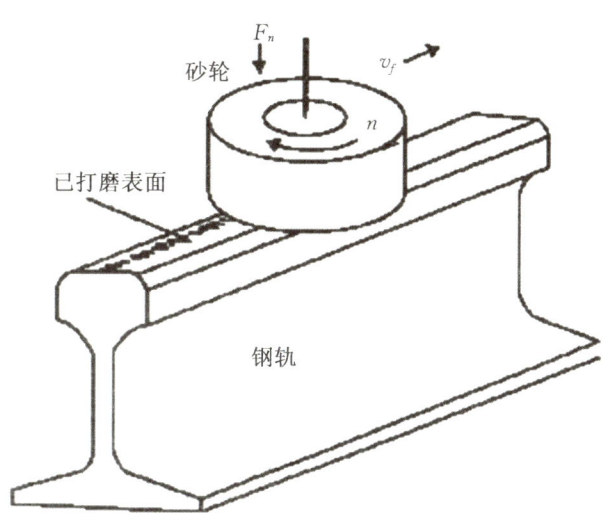

图 9.10 钢轨打磨过程示意图

第三章中曾经提及，钢轨中碳元素（C）是钢轨抗拉强度的主要来源，由于高速钢轨的含碳量较高，在生产过程中，加热炉内高温加热时容易发生氧化脱碳现象，产生脱碳层。钢脱碳现象的产生使得高速钢轨出现机械性能下降、硬度降低、耐磨性差和疲劳强度降低等缺陷。另外在运输、施工铺设过程中会不可避免地造成钢轨表面伤损。因此，在钢轨铺设完成、轨道精调到位后，线路正式开通运营前会对新铺钢轨进行一次打磨作业——预打磨。预打磨的主要作用是磨去钢轨表面的脱碳层以及施工中产生的表面伤损，形成与车轮匹配的钢轨廓形，改善轮轨接触状态。

高速铁路开通运营后，由于高速列车车轮的持续性碾压，钢轨轨头表面会逐渐发生变形，疲劳裂纹及轨面磨耗等伤损形式会进一步产生。钢轨表面的这种变形及伤损，会使得原本良好的轮轨接触变成不良接触，由此带来列车运行舒适度的降低和安全风险的提高。因此，为了预防钢轨出现伤损，破坏高速铁路运行品质，线路养护维修工程师们会在开通运营的高速铁路上定期开展预防性打磨。预防性打磨是钢轨的一剂预防针，它的主要目的是在钢轨出现轻微伤损时就立马通过打磨

方式修正钢轨廓形，保证良好的轮轨接触，避免更大的安全隐患。

近些年，随着信息技术的不断发展，钢轨打磨技术也在这一技术浪潮中实现了革新与进步。智能打磨是以预防性打磨为基础，结合自动控制、信息技术等手段开展的高效、精细化钢轨打磨。其核心在于将打磨的过程数字化，建立模型基于打磨参数来计算打磨量，并根据实际的钢轨磨耗情况，制定合适的打磨控制参数，更科学、合理地实施打磨。为了实现这一目标，智能打磨具有数字化和自学习这两方面的特点。

1. 数字化

传统打磨会根据现场人员的经验选择打磨模式，而智能打磨的一个重要特点在于能够将这一选择过程数字化。首先，系统通过检测设备采集钢轨廓形，与设定的目标廓形对比确定精确的目标打磨量。之后，根据钢轨打磨模式参数（打磨角度、打磨压力、打磨速度），通过模型计算出模式对应的理论打磨量。于是，打磨模式的选择就转化成了理论打磨量与目标打磨量匹配的过程。

2. 自学习

钢轨打磨量不仅与砂轮打磨参数有关，还受到外界条件，如温度、湿度、钢轨硬度等的影响。传统情况下，工作人员会根据现场情况对打磨参数进行经验性修正。而智能打磨则具有自学习的功能，通过检测设备采集打磨后的钢轨廓形，计算实际打磨量，与理论打磨量对比来调节模型参数，并修正推荐的打磨模式，从而实现了提高打磨精度的目的。

智能打磨系统的工作流程如图9.11所示。

除了配套的硬件系统之外，智能打磨系统的核心技术就是整个打磨过程的数字化。一方面，通过钢轨廓形检测设备，采集钢轨廓形，与目标廓形对比分析精确的差异量；另一方面，通过内置的模型，将打磨参数与打磨量之间建立联系，生成各个模式理论上的打磨量曲线。

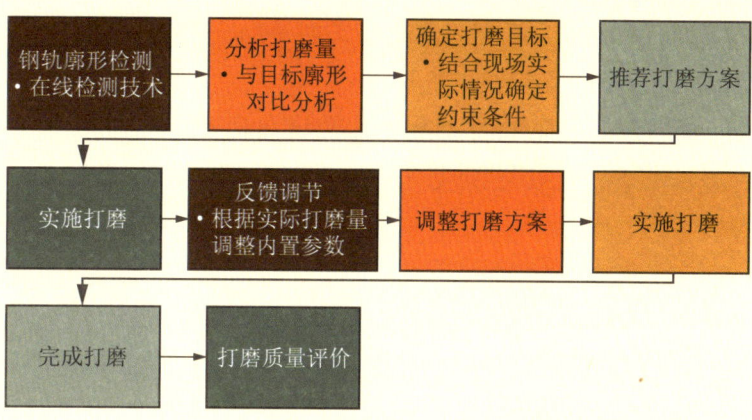

图 9.11 智能打磨系统工作流程示意图

二、线路捣固技术

有砟轨道道床是由无数颗不同粒径大小的道砟组成的，这些大小不一、级配良好的道砟在保证有砟道床具有一定密实度、强度的同时，也能提供一定的弹性并具备排水功能。但在道床之上奔跑的高速列车，对钢轨和道床的冲击作用是不可估量的，原本密实、富有弹性的道床会逐渐变得松散、变形（有砟道床有着自己特定的形状，高速铁路有砟轨道道床厚度350毫米，边坡1∶1.75），失去稳定性，进而影响行车安全。此时需要对有砟道床进行"整形手术"——线路捣固，让流动的道砟重新组合，恢复道床形状并调整密实度。

线路捣固是向指定方向迁移道砟恢复道床形状，并增加道砟密实度的一种养护维修作业。机械化捣固时，采用成对高频振动的捣镐在轨枕两侧同时插入道砟，在规定深度位置作相对夹持动作将道砟捣密，并使道砟产生流动、聚集并重组，起到稳定起拨道后轨道的

图 9.12 DCL-32X 线路捣固车之一

位置、提高道床缓冲能力、消除某些线路病害（如空吊板等）等作用。线路捣固是保证轨道几何状态的重要作业项目，其作业效果与捣固机构的构成、捣固频率及振幅有关。

捣固机械的种类很多，目前各国用得较多的是普拉塞-陶依尔（Plasser & Theurer）公司的08、09系列捣固机和马蒂沙（Matisa）公司的B50D、B50D-F系列机械等。按捣固头数目来分，有16镐和32镐的；按同时捣固轨枕数分为单枕、

图9.13 DCL-32X 线路捣固车之二

双枕和四枕捣固车；按作业对象分为线路和道岔捣固车；按作业行走方式分为步进式和连续式行走捣固车；按作业功能分为多功能捣固车和单功能捣固车；另外还有防尘、防噪声等具有特殊功能的捣固车。我国昆明机械厂在20世纪80年代与普拉塞-陶依尔公司合作，通过技术转让，生产出了08、09系列的捣固车，这些机械在我国铁路维修工作中发挥了巨大作用。

与捣固车一起配合参与作业的还有很多小伙伴——配砟整形车、动力稳定车等，虽说它们是"小伙伴"，但实际上它们个个都是庞然大物。

1. 配砟整形车

配砟整形车用于道床配砟和整形作业，一般与捣固车等其他大型养路机械配套使用。配砟整形车包括 SPZ200 双向配砟整形车和 DPZ-440 型单向配砟整形车。

SPZ200 双向配砟整形车装备了侧犁、中犁和清扫等作业装置，可将道砟分配到道心和钢轨两侧，整形道床断面，清扫轨枕面上道砟。作业速度 0～12 公里/小时，可以双向作业，如图 9.14 所示。

DPZ-440 型单向配砟整形车与 SPZ200 配砟整形车比较，

图 9.14 SPZ-200 型配砟整形车

采用两轴转向架，单向配砟整形。新增主要功能包括清扫轨侧、扣件，收集枕面上的道砟至储砟斗，分配储砟斗内的道砟至道床，道床轮廓测量，自动避障等。

2. 动力稳定车

动力稳定车能使捣固、清筛后的轨道或新铺设的轨道迅速稳定，能准确地控制道床下沉量而不改变轨道几何形状，还能增加道床横向阻力，防止轨道侧向变形。捣固的线路经动力稳定作业后，轨道的横向稳定性提高 40%，并且经动力稳定车作业的线路无须限速，从而最大限度地扩大运能。

我国昆明机械厂生产的 WD-320 型动力稳定车装备了 2 套稳定装置和 1 套检测系统。稳定装置通过夹钳轮与轨道连成一体，由激振器驱动稳定装置水平横向振动，迫使轨排同步振动并通过轨枕传递到道砟，使道砟受迫振动、重新排列和密实。通过加载油缸施加所需的垂直下压力，使轨道均匀下沉（如图 9.15 所示）。

动力稳定车与捣固车配合作业，能迅速消除轨道的初始下沉量，提高道床横向阻力和整体稳定性，一次稳定的效果相当

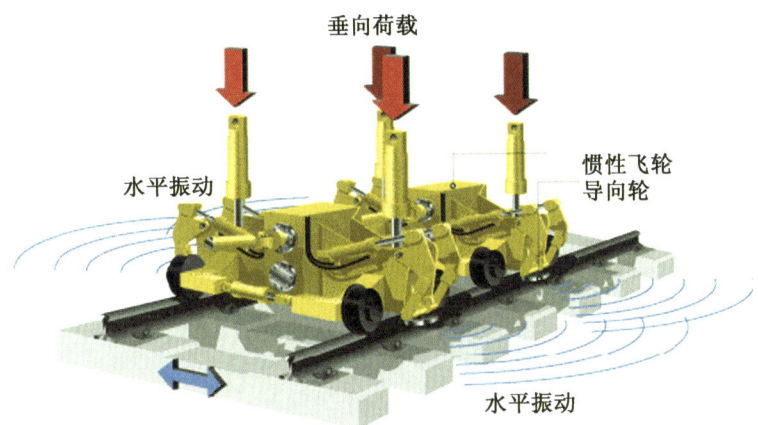

图 9.15 动力稳定车的作业原理

于通过 100 万吨客货列车运输量后道床下沉量的 50%。显然,初期下沉量的消除,对减少线路养护维修工作量效果显著。

参考文献

[1] 中华人民共和国铁道部.部令〔2013〕34号,铁路主要技术政策[S].2013.
[2] 中华人民共和国铁道部.TB 10621—2014,高速铁路设计规范[S].2014.
[3] 中华人民共和国国家标准.GB 50090—2006,铁路线路设计规范[S].2006.
[4] 中华人民共和国铁道部.TB 10015—2012,铁路无缝线路设计规范[S].2012.
[5] 国家铁路局.TB 10001—2016,铁路路基设计规范[S].2016.
[6] 国家铁路局.TB 10002—2017,铁路桥涵设计规范[S].2017.
[7] 国家铁路局.TB 10003—2016,铁路隧道设计规范[S].2016.
[8] 中华人民共和国铁道部.TB 10601—2009,高速铁路工程测量规范[S].2009.
[9] 中华人民共和国铁道部.TB 10754—2010,高速铁路轨道工程施工质量验收标准[S].2010.
[10] 中华人民共和国铁道部.TB 10760—2013,高速铁路工程静态验收技术规范[S].2013.
[11] 中华人民共和国铁道部.TB 10761—2013,高速铁路工程动态验收技术规范[S].2013.
[12] 中华人民共和国铁道部.TG/GW 115—2012,高速铁路无砟轨道线路维修规则[S].2012.
[13] 中华人民共和国铁道部.TG/GW 116—2013,高速铁路有砟轨道线路维修规则[S].2013.
[14] 中华人民共和国铁道部.铁建设〔2010〕241号,高速铁路轨道工程施工技术指南[S].2010.
[15] 中华人民共和国铁道部.铁总办〔2013〕107号,高速铁路联调联试及运行试验实施细则[S].2013.
[16] 中华人民共和国铁道部.运基线路〔2007〕284号,车载式线路检查仪暂行技术条件[S].2007.
[17] 中华人民共和国铁道部.运基线路〔2008〕164号,便携式线路检查仪暂

行技术条件［S］.2008.

［18］中华人民共和国铁道部.TB/T3147—2012,铁路轨道检查仪铁道行业标准［S］.2012.

［19］铁道部运输局.高速铁路工务知识读本［M］.北京：中国铁道出版社,2011.

［20］练松良.轨道动力学［M］.上海：同济大学出版社,2003.

［21］李庆鸿.线路养修工作探索与实践［M］.北京：中国铁道出版社,2008.

［22］侯卫星,刘刚,康熊.0号高速综合检测列车［M］.北京：中国铁道出版社,2010.

［23］许玉德,李海峰,戴月辉.轨道交通工务管理［M］.上海：同济大学出版社,2007：31-33.

［24］康熊.铁路试验检测评估技术［M］.北京：中国铁道出版社,2012.

［25］王峰,姚建伟,张骏.高速铁路联调联试管理与技术［M］.北京：中国铁道出版社,2013.

［26］王峰,刘仍奎.高速铁路网格化管理理论与实现技术［M］.北京：中国铁道出版社,2014.

［27］许玉德,于绍峰,张德权.高速铁路基础设施综合维修管理［M］.北京：中国铁道出版社,2015.

［28］徐伟昌,许玉德,谭社会,等.高速铁路无砟轨道线路质量等级管理［M］.北京：中国铁道出版社,2016.

［29］卢春房.中国高速铁路［M］.北京：中国铁道出版社,2017.

［30］高铁见闻.大国速度［M］.长沙：湖南科技出版社,2017.

［31］冷梦.国家名片：高铁背后的故事［M］.北京：东方出版社,2016.

［32］王麟,李政.高铁的前世今生［M］.北京：中国铁道出版社,2016.

［33］李其龙.高速铁路环保选线研究［J］.铁道勘察,2013(2)：71-73,76.

［34］郭文军,曾学贵.铁路线路环境影响评估及高速铁路线路方案优化选择的研究［J］.铁道工程学报,2002(1)：74-77.

［35］朱颖.铁路选线理念的创新与实践［J］.铁道工程学报,2009(6)：1-5.

［36］李国和,李桂芳.采空区铁路工程地质选线研究［J］.铁道工程学报,2012(10)：15-20,100.

［37］徐庆元,屈晓晖,王平.高速铁路无砟轨道国产化理论研究［J］.中国铁道科学,2009(2)：137-140.

［38］赵志辉.高速铁路无砟轨道综合技术经济分析［J］.铁道标准设计,2017(5)：32-35.

[39] 卢建康,刘华.高速铁路精密工程测量技术体系的建立及特点[J].铁道标准设计,2010(z1):70-73.

[40] 安国栋.高速铁路精密工程测量技术标准的研究与应用[J].铁道学报,2010(2):98-104.

[41] 谭社会.高速铁路无砟轨道精调质量控制技术研究[J].铁道标准设计,2015(12):18-21,22.

[42] 许兴旺.湿陷性黄土地区高速铁路路基地基沉降控制技术[J].铁道建筑,2017(4):83-86,90.

[43] 王瑷琳.高速铁路桩板结构路基设计有关问题研究[J].路基工程,2016(4):55-59,64.

[44] 周颖,陈瑾.高速铁路无砟轨道路基结构荷载传递规律研究[J].铁道工程学报,2016(5):18-24.

[45] 李井元,丁兆锋.高速铁路无砟轨道路基排水设计[J].高速铁路技术,2013(4):78-80.

[46] 韩鹏飞.中德高速铁路路基设计主要技术标准对比分析[J].铁道工程学报,2017(4):21-24.

[47] 赵年全.高速铁路路基填料生产及控制技术[J].路基工程,2009(6):190-191.

[48] 刘伟平.严寒地区高速铁路路基冻胀整治技术[J].铁道建筑,2016(4):92-97.

[49] 赵代强.高速铁路路基变形数据处理系统研究与应用[J].路基工程,2014(3):187-191.

[50] 郑健.中国高速铁路桥梁建设关键技术[J].中国工程科学,2008(7):18-27.

[51] 尚顺邦,陈丰兰.中国高速铁路桥梁建设的发展[J].价值工程,2013(19):87-88.

[52] 金莉.高速铁路超长大桥梁设计研究[J].铁道标准设计,2017(1):34-40.

[53] 秦顺全.高速铁路大跨度桥梁[J].铁道工程学报,2008(z1):53-61.

[54] 赵勇,田四明,孙毅.中国高速铁路隧道的发展及规划[J].隧道建设,2017(4):92-97.

[55] 龚彦峰,肖明清.我国高速铁路隧道技术要点与有关建议[J].铁道工程学报,2014(12):67-71.

[56] 王祥秋,张火军,谢文玺.高速铁路隧道结构动力累积损伤模型试验研

究［J］.隧道建设，2017（8）：939-945.

［57］费瑞振，彭立敏，杨伟超，等．竖井对高速铁路隧道列车风的影响研究［J］.铁道科学与工程学报，2017（3）：455-464.

［58］常翔，张献伟．高速铁路隧道空气动力学效应控制［J］.隧道建设，2007（z2）：117-120.

［59］马志富，赵建峰，朱永全，等．高速铁路太行山超长隧道群关键技术［J］.隧道建设，2015（10）：1103-1111.

［60］黄娟，彭立敏，丁祖德，等．基于损伤理论的高速铁路隧道结构振动响应分析［J］.现代隧道技术，2017（5）：93-100.

［61］翟顺鹏．高速铁路隧道施工技术与质量控制分析［J］.建筑技术开发，2017（13）：47-48.

［62］雷中林．铁路枢纽总图规划评价体系深化研究［J］.铁道工程学报，2016（2）：1-5.

［63］唐为民．上海铁路枢纽总图规划研究［J］.铁道运输与经济，2010（7）：18-21.

［64］魏庆朝，尹国栋，时瑾，等．高速铁路站场正线与到发线间线路优化研究［J］.铁道工程学报，2015（11）：113-119.

［65］郝之颖．高速铁路站场地区空间规划［J］.城市交通，2008（5）：48-52.

［66］康熊．高速铁路联调联试技术［J］.中国铁路，2010（12）：53-56.

［67］康熊，姚建伟．高速铁路联调联试关键技术和试验研究主要成果［J］.中国工程科学，2015（4）：21-29.

［68］王澜．高速铁路联调联试方法论［J］.中国铁道科学，2011（2）：104-109.

［69］施卫忠．高速铁路联调联试技术创新及工程实践［J］.中国铁路，2017（2）：1-6.

［70］雷风行．中国高铁联调联试技术创新［J］.中国铁路，2011（1）：23-30.

［71］魏亚辉．高速铁路联调联试计划管理［J］.中国铁路，2015（12）：10-13.

［72］汤奇志．高速铁路联调联试关键环节控制［J］.中国铁路，2011（1）：45-48.

［73］陈璞，汤奇志．中国高速铁路联调联试［J］.中国铁路，2010（12）：70-73.

［74］马明正．高速铁路无砟轨道钢轨精调过程控制关键技术［J］.铁道标准设计，2014（3）：21-24.

［75］陈勋．高速铁路无砟轨道精调作业综合评价方法研究［J］.华东交通大学学报，2016（6）：72-76.

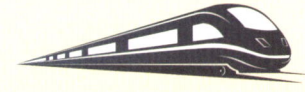

[76] 白鑫,李晓宇,戴贤春.高速铁路防灾安全监控系统架构研究[J].中国铁路,2012(12):27-31.

[77] 叶安君.以"点、线、面、体"理念打造高速铁路防灾安全监控系统[J].城市轨道交通研究,2012(9):6-9.

[78] 王彤.高速铁路防灾安全监控系统研究与开发[J].中国铁路,2009(8):25-28.

[79] 徐其瑞,许建明,黎国清.轨道检查车技术的发展与应用[J].中国铁路,2005(9):37-39.

[80] 周清跃,田常海,张银花,等.高速铁路钢轨打磨关键技术研究[J].中国铁道科学,2012(2):66-70.

[81] 曹岩.我国高速铁路用钢轨打磨列车选型及应用研究[J].铁道标准设计,2011(8):31-34.

[82] 徐伟昌,仲春艳,许玉德,等.高速铁路无砟轨道线路质量评价指标研究[J].石家庄铁道大学学报(自然科学版),2017(1):52-57.

[83] 徐伟昌.大型养路机械捣固作业轨道质量评价指数研究[J].铁道建筑,2014(7):139-142.

图书在版编目(CIP)数据

高铁线路工程 / 郑健等著. —上海:上海科学技术文献出版社,2019
(中国高铁丛书)
ISBN 978-7-5439-7802-7

Ⅰ.①高… Ⅱ.①郑… Ⅲ.①高速铁路—铁路线路—介绍—中国 Ⅳ.①U238

中国版本图书馆 CIP 数据核字 (2018) 第 289608 号

"十三五"国家重点出版物出版规划项目
2018 年主题出版重点出版物
上海市新闻出版专项资金资助项目

选题策划：张　树
书稿统筹：张　树
责任编辑：李　莺
装帧设计：许　菲
手绘插图：汤思怡

高铁线路工程
GAOTIE XIANLU GONGCHENG
郑　健　王　峰　钱桂枫　许玉德　毛晓君　著
出版发行：上海科学技术文献出版社
地　　址：上海市长乐路 746 号
邮政编码：200040
经　　销：全国新华书店
印　　刷：上海海红印刷有限公司
开　　本：787×1092　1/16
印　　张：15.75
字　　数：204 000
版　　次：2019 年 1 月第 1 版　2019 年 1 月第 1 次印刷
书　　号：ISBN 978-7-5439-7802-7
定　　价：99.00 元
http://www.sstlp.com

中国高铁丛书

总顾问 / 傅志寰　总策划 / 郑　健　主　编 / 孙　章

高铁线路工程

郑　健　王　峰　钱桂枫　许玉德　毛晓君 著

上海科学技术文献出版社
Shanghai Scientific and Technological Literature Press